书山有路勤为径，优质资源伴你行
注册世纪波学院会员，享精品图书增值服务

引导规律研究院前沿力作

基 于

Workshop Design Based on Metaphor

隐喻技术的

易学易用的工作坊设计法

林士然 —————— 著

工作坊设计

技术　模型　理论　实例

电子工业出版社

Publishing House of Electronics Industry

北京 · BEIJING

图书在版编目（CIP）数据

基于隐喻技术的工作坊设计 / 林士然著. —北京：电子工业出版社，2021.11
ISBN 978-7-121-42170-9

Ⅰ . ①基⋯ Ⅱ . ①林⋯ Ⅲ . ①培训 – 设计 Ⅳ . ① C975

中国版本图书馆 CIP 数据核字（2021）第 204456 号

责任编辑：吴亚芬
印　　刷：三河市良远印务有限公司
装　　订：三河市良远印务有限公司
出版发行：电子工业出版社
　　　　　北京市海淀区万寿路173信箱　　邮编：100036
开　　本：720×1000　1/16　　印张：13.5　　字数：186千字
版　　次：2021年11月第1版
印　　次：2021年11月第1次印刷
定　　价：68.00元

凡所购买电子工业出版社图书有缺损问题，请向购买书店调换。若书店售缺，请与本社
发行部联系，联系及邮购电话：（010）88254888，88258888。
质量投诉请发邮件至zlts@phei.com.cn，盗版侵权举报请发邮件至dbqq@phei.com.cn。
本书咨询联系方式：（010）88254199，sjb@phei.com.cn。

我的工作坊设计研究之路

自2016年4月开始，我在北京、上海等地开设"工作坊设计©"的公开课，分享"工作坊行进路线图"和"凌波五步"等实战模型及相关设计方法。2017年，我出版了《基于引导技术的工作坊设计》一书，很多人在看完该书后反馈说，引导师的确应该超越引导工具驱动设计的惯性思维，从需求出发，在精准把脉目标后再设计工作坊流程……在跟机构合作过程中，我发现自己的、同行的引导设计，经常陷入一个雷同的逻辑陷阱里，我们的引导设计差异仿佛只是流程和分析方法不同。例如，在流程设计上，你用"发散—震荡—收敛"的流程，我用"事实—反应—启示—决定"的流程；或者在做现状呈现分析时，你用SWOT[1]分析，我用波浪分析……世界咖啡、团队共创、焦点讨论等传统引导技术似乎已经不能满足职业引导师差异化的需求了，引导技术的大家庭需要更多新鲜的血液。面对这个困局，我发现很多引导同行有两个选择，一是尽力去找不同的引导师学习，以获取更具差异化的引导工具和方法；二是继续追逐热点，将引导技术与新的主题进行结合，如

1　SWOT：S（Strengths）是优势，W（Weaknesses）是劣势，O（Opportunities）是机会，T（Threats）是威胁。

与OKR[1]结合……我认为还有第三种选择，就是基于引导的精神和工作原理，进一步跨界整合更多领域的技术方法，进行二次创新，拓展和丰富引导技术。2017年，我开始密集接触即兴戏剧，并发现其与视觉引导技术的底层逻辑，除都涉及引导技术外，还有个交集点，就是都涉及隐喻技术。然而，除教练圈偶尔提及隐喻技术外，对于企业培训和引导圈的人来说，隐喻技术从整体上仍然是一个让人有朦胧感的词汇。

我感受到隐喻的巨大能量后，就开始疯狂地购买和隐喻相关的图书，并有意识地应用隐喻技术。2017年，在一次与视觉师（余辉）合作举办工作坊的过程中，我进行了抽离思考。当时，我带领工作坊的参与者在做研讨，而余辉在一旁绘制流程和提炼内容，我忽然发现为何不将两者融为一体呢？如果把现场的工作坊参与者创造的内容放置在视觉师与引导师的框架流程里面，那就不再是视觉师一个人的独舞，而是真正的视觉共创了；而如果将视觉呈现的隐喻流程，直接叠加应用在引导师的流程设计中，则工作坊的流程就有不一样的效果……回想之前做学习发展项目设计的时候，我们经常在设计完课题骨架之后，从参与者的体验目标出发继续设计"惊喜的甜品"环节，这似乎也是在做与"将隐喻技术直接叠加应用在引导师的流程设计中"相类似的事情……之后，对于隐喻技术，我进行了更多的尝试和实践，也越来越坚信隐喻技术会让传统引导技术和工作坊设计有第二曲线式的发展。

2018年，我开发了"隐喻引导术©"的两天课程，迫不及待地跟全国的培训师和引导师进行分享，并根据大家的反馈持续完善和丰富隐喻引导技术。

1　OKR：目标与关键成果法（Objectives and Key Results，OKR）。

2020年，我出版了《引导改变培训——从课程设计到工作坊设计》一书，提出了引导式培训需要从"1.0的山腰"攀登到"3.0的山顶"的隐喻模型，并重点分享了将培训课程设计升级为"引导+培训"型工作坊的过程和注意事项，还针对"情景故事、颜色战争®、沙盘共创®、隐喻剧场®"等隐喻技术进行了简略介绍。2021年，为了满足读者和客户希望进一步深入了解"基于隐喻技术的工作坊设计"内容的需求，我决定尽己所能分享隐喻理论与常识、隐喻基层技术、隐喻延展技术和实战隐喻模型工具等，以期能帮助更多人设计好自己的工作坊，解决客户的真实问题。

逻辑思维+隐喻思维=完整思维

在日常生活中，有许多人擅长打比方，将复杂的事情用一个你能理解的简单概念进行解释和替换。一个好的比喻耐人寻味，不仅让人们能够快速理解事物的真正内涵，而且令人印象深刻。在比喻的体系里，有的比喻使用"好像""仿佛""似乎""比如"等有显著提示的连接系词；而有的比喻则显得娇羞，要么直接将两个不同的事物用系词"是"来连接或画等号，要么干脆将"是"也隐藏起来，前者称为明喻，后者称为隐喻。例如，很多人一开始不清楚引导师到底是做什么的，我们就会介绍说引导师其实是助产士、导游或航海家，这让对话有了基础。

隐喻本是语言学和修辞学的概念，亚里士多德非常推崇隐喻，认为隐喻是天才的标志。生成语义学、认知语言学的主要创始人乔治·莱考夫和哲学家、认知科学家马克·约翰合著的《我们赖以生存的隐喻》出版后，隐喻开始正式脱离语言装饰品的定位，隐喻研究从此摆脱文学和修辞学传统隐喻理论的束缚，正式踏入认知科学的新疆域。挥舞着建构认知大旗的隐喻之风刮到国内培训领域，跟教练技术、即兴戏剧和故事思维在国内的兴起有密切关系。当再次揭开隐喻面纱的时候，我们发现隐喻是游戏、沙盘、戏剧、视觉、工作坊等活动的底层逻辑和艺术。隐喻的恰当使用，不仅帮助活动参与者快速理解复杂的概念和贡献想法，还让活动参与者的现场体验感更佳。例如，世界咖啡屋，就是将工作坊现场隐喻成为一个咖啡屋，参与者在其中轻松漫谈、真诚对话和融合想法。然而，隐喻的功能与价值水下冰山还有更多有趣有料的东西……

隐喻是人们看待世界的假设和方式，可以将组织看成一个机器，也可以将其看成一件艺术品；可以将冲突看成一场刀光剑影的战争，也可以将其看成一场过家家的游戏；可以将师生关系看成严肃的父子关系，也可以将其看成平等的朋友关系；可以将管理工作看成拿着胡萝卜加大棒驱赶员工工作，也可以将其看成凛冽北风与温暖南风的竞赛活动……不同的隐喻假设引导人们以不同的方式应对世界，每个人都应该保持一份觉察，提醒自己目前正在扮演什么角色，还可以尝试什么新的角色。

对于成人来说，逻辑思维是必备的职场工作能力。逻辑思维的强弱反映人们的学习能力高低（吃一堑，长一智或举一反三），它是人们过往处理问题套路的经验沉淀。逻辑思维强大的人面对问题时都能很快就有应对的思路和流程，然而单一的逻辑思维只能让人们成为一个提高效率的高手，并不能让人们成为顶级的大师。当前人们处在一个信息充斥的时代，越来越多的问题变得庞杂和难以决断，单靠逻辑思维不仅烧脑而且剪不断，理还乱，此时人们需要借助直觉思维或隐喻思维将问题进行追根溯源和简单化处理。过于依赖逻辑思维很容易让人们陷入日常的烦恼中，要想工作、生活得开心，人们必须能够在眼前的"苟且求活"与远方的"诗情画意"之间搭建一条时空隧道，而这条时空隧道的门票只会给与有隐喻思维的人。逻辑思维让人们像机器一般辛苦，而隐喻思维像"抖音"的强大滤镜和魔法道具一样，让人们开心地享受闲暇时光，暂时逃离喧嚣、吵闹。一张一弛、文武之道，隐喻思维不仅为工作增姿增彩、锦上添花，而且让人们看待问题的视角更加全局、系统和长远，由此人们处理问题的方法也会变得更富创意且更有艺术感。

最近几年视觉思维和视觉引导很火爆，我发现不仅自己，还有很多同行，其实并不擅长画画，或者说要画得好需要更多的刻意练习。在与很多视觉师合作的过程中，我逐渐发现，绘画只是影响其功力和表现的一项基础技能，而非核心竞争技能。不仅是视觉师，甚至培训师、引导师、教师、咨询顾问、教练、管理者等专业人士，真正决定其段位水平高低的，都不是冰山可视一角的显性技能，而是其逻辑思维和隐喻思维的完整性与平衡度，或者说高段位的老师是左右脑都发达的。

隐喻的应用场景广泛到让人难以列举，包括产品与服务设计、营销与销售、领导与管理、教育与培训、心理治疗等行业，相关的著作也有很多，而在工作坊设计和工作坊引导结合方面国内几乎没人系统总结。为了推广隐喻思维、推动引导技术的创新与发展，我结合自己的实践和研究，梳理总结了实战常用的隐喻技术工具和方法，整理成书，想为大家开一扇新的窗户。

在隐喻技术的继续研究和应用拓展之路上，希望有你陪伴。

概念共识

如果你是第一次接触引导技术或隐喻技术的人，本书中众多的概念可能让你有身陷迷阵的感觉；如果你是第一次接触我的书，也可能一下子无法适应我的表达方式与写作习惯（我不是专业的写作者），为了让你有更好的阅读体验，有必要一开始就澄清本书经常出现的概念与说法。

引导技术

引导技术源自英文Facilitation，是指一系列激发群体参与、促成团队达成共识和帮助团队达成目标的支持技术和助人方法。引导技术不仅包括工作坊引导过程中使用的头脑风暴、钻石研讨模型、世界咖啡、团队共创、焦点讨论法、欣赏式探询等经典、常用的引导工具或流程，也包括引导师在工作坊前、中、后借用的一些管理模型及与主题相关的模型框架，甚至包括隐喻技术。

引导师

本书中的引导师（Facilitator）是广义的概念，不仅包括纯引导型工作坊的引导师（几乎不做与产出相关的内容或技能的输入），也包括"引导+培训"型工作坊的引导师（既引导研讨过程，也会做与产出相关的内容或技能的输入），甚至将引导式培训的培训师和研讨会的主持人也包括进来，以匹配引导技术越来越广泛的应用场景和人群。

引导式培训

引导式培训区别于传统的说教式授课，是指在达成培训目标的过程中，尊重学员的主体地位并大量使用引导学员参与和达成共识的技术方法。引导式培训包含三个阶段和级别。"引导式培训1.0"是指在培训中加入结构化的引导技术，"引导式培训2.0"是指让整体培训的流程符合成人学习和问题解决的双重需要，"引导式培训3.0"是指在引导式培训2.0的基础上，使现场教学与解决问题达到相互牵引、相互服务的状态。在引导式培训3.0的状态下，引导师要能够在培训和引导两种状态中灵活自如地切换。引导式培训3.0等同于"引导+培训"型工作坊，更多内容可参见《引导改变培训——从课程设计到工作坊设计》一书。

工作坊

工作坊是一种召集大家进行问题研讨的工作形式。现场直面问题、以参与者为主体和有实际可用的成果产出是工作坊的三个典型特征。本书中的工作坊包含了工作坊带领者不做任何内容输入的纯引导型工作坊和带领者根据需要进行内容输入或干预的"引导+培训"型工作坊。随着培训升级与引导价值被大家认同，工作坊尤其是"引导+培训"型工作坊，将逐步替代传统的侧重老师输出答案的培训形式。本书中的工作坊的说法，通常涵盖或指代培训、引导和研讨会三种工作形式。

工作坊设计

工作坊设计是传统培训课程设计的迭代升级，是为了满足在工作坊现场既要由老师输入内容，又要调动群体、群策、群力解决问题的双重需要。简单来说，工作坊设计包括了课程内容设计和引导流程设计，是从前期把脉需求、定位目标再到设计流程和内容，最后依据流程和时间等匹配引导工具与教学活动的综合过程。更多内容可参见《基于引导技术的工作坊设计》一书。

隐喻技术

隐喻技术是指主动运用隐喻达成目标的技术、工具和方法，既包括基础的隐喻技术，如概念隐喻、框架隐喻、流程隐喻和故事隐喻，也包括基础隐喻技术在各类场景下的应用策略、流程、技巧与话术。隐喻技术并非来自引导技术，而是与引导技术一并是两棵共享一片土壤的独立的大树；同时，由于隐喻技术本身也具有引导认知的功能，因此也可以归属于更广义的引导技术。隐喻技术的底层是与逻辑思维相区分的隐喻思维。

框架隐喻与隐喻框架

类似的说法还包括概念隐喻与隐喻概念、流程隐喻与隐喻流程、故事隐喻与隐喻故事等。当人们使用隐喻技术的时候，人们使用框架隐喻这种严谨的叫法，一方面是为了与概念隐喻的叫法匹配，另一方面是为了强调这种技术工具的正式性；而当人们使用隐喻框架的时候，更多的是指承载框架隐喻的载体和具体的某一个框架模型。例如，冰山模型是常见的一个隐喻框架，能够显现框架隐喻的基础价值与神奇功能。

隐喻引导师与隐喻教练®

隐喻引导师是在工作坊中有意识地运用隐喻的引导师，隐喻教练®是指那些有意识地使用隐喻技术的教练（个人教练和团队教练）。一名合格的隐喻引导师能够识别隐喻关系、判定隐喻优劣、应用隐喻技术，甚至能够创造新的隐喻。成为一名隐喻教练®，需要通过引导规律研究院的技能认证。隐喻本身自带引导思维的价值，本书中隐喻引导师和隐喻教练®可画等号。

目 录

第 **1** 章

隐喻助力
工作坊设计

1.1 工作坊与工作坊设计

工作坊到底是什么呢？听起来好像是工作的地方，又好像不是工作的地方。"工作"这两个字，大家都能理解。"坊"是什么呢？"坊"其实就是作坊，是手艺人的工作场所。工作坊，不同于宣讲知识的培训课堂，也不同于宣读决议的工作会议，而是把大家聚集在一起商量工作事情的特殊形式。工作坊塑造了不同于往常工作环境的场域。工作坊让大家离开各自的工位，如同写字楼下面的星巴克一样，是一种让参与者能更加轻松地开展对话或工作的第三空间。

工作坊有三个典型特征：现场直面问题、以参与者为主体和有实际可用的成果产出。工作坊其实是一场旅程，起点是真实待解决的问题，终点是成果产出，中间是参与者的群策群力。在旅程的起点，大家放下手头的工作愿意加入进来，一定是为了解决重要的组织问题或个人问题。就跟《西游记》一样，唐僧在召唤之下，拉起队伍，正式开启了西天取经之旅。旅程中间，唐僧作为师傅并不是解决问题的最佳人选，他只是一个带领者和引导师，有些时候他还会制造问题。不管遇到什么困难，唐僧的徒弟们才是主角，他们齐心协力、整合资源，总能解决问题。在旅程的终点，唐僧团队最终取得真经，圆满完成使命。在工作坊中也是如此，成果是对大家集体付出的犒赏，不同于传统培训，让大家双手空空，悻悻回家。

工作坊已经是当下组织解决复杂问题的重要载体，工作坊设计的本质是预先准备工作坊过程引导方案，以便引导师踌躇满志地开展引导工作。优秀的工作坊设计综合了组织需求和发起人的需求，兼顾参与者诉求，激发团队的内生智慧，找到创造性解决问题的方案，并渐进地让团队关系和绩效表现变得更好。

工作坊设计，设计的是什么呢？分享10点供大家参考。

（1）设计的是引导师支持参与者与发起人一道达成焦点目标的过程。

（2）设计的是A点与B点之间焦点目标、体验目标和内容目标三线推进的过程。

（3）设计的是集体如何分析和解决组织问题并拿到成果的过程。

（4）设计的是众人想法发散—想法碰撞—想法收敛—最终达成共识的过程。

（5）设计的是将个人智慧、团队智慧与集体智慧汇聚合力的过程。

（6）设计的是群体开展有意义、有节奏、有深度对话的过程。

（7）设计的是参与者之间相互启发、相互学习、共同成长的过程。

（8）设计的是突破过往问题解决思路，创造性地达成目标的过程。

（9）设计的是让参与者前后发生认知转变和行为转变的过程。

（10）设计的是团队从同而不和到和而不同不断融合的过程。

引导师做好工作坊设计和现场工作坊引导两件事，才能成为合格的工作坊引导师。工作坊引导师是一位根据客户需求既能做引导又能做培训，且能够融会贯通的多面手。依据引导规律研究院认证工作坊引导师（Certified Workshop Facilitator，CWF）的五项胜任素质，工作坊引导师需要①创建合作式客户关系；②依据需求和目标开展工作坊过程设计；③准备必要的结构化内容输入；④平衡各流程及培训与引导之间的时间比重；⑤能够在现场引导的时候显现引导师特有的自信、中立、支持、灵活、轻松、喜悦的不倒翁状态。在这五项胜任素质中，前四项都属于工作坊设计的范畴。《基于引导技术的工作坊设计》与本书的内容都是旨在提升工作坊引导师的前四项胜任素质。

1.2 工作坊设计的挑战与机遇

工作坊设计的挑战越来越大

首先，创造工作坊的土壤在加速变化。

随着组织的外部环境越来越复杂，企业为了生存发展所面临的问题和挑战也越来越大。每场工作坊都成为企业大棋盘中的一颗棋子，其成败甚至直接影响组织战略推进与目标达成的成败。这就要求引导师不能基于自己掌握的引导技术去设计工作坊，而应该加强自我储备，积极地适应变化，并能从引导技术的圈子里跳出来，借助组织生命周期等理论深刻理解业务与工作坊的关系，从全局、系统和时间线等维度理解工作坊发起人的期待，从职业角色与人性规律等角度同理参与者。抱着引导工具与技术不放的引导师，将无法在残酷的市场竞争中存活下去。

其次，工作坊的节奏被倒逼加速。

在竞争和效率的驱使下，企业不得不加快步伐，这让时间成为更加奢侈的成本。在10年前，很多公司还会安排三五天的线下集中培训，但现在能够集中安排两天线下培训的情况已经越来越少了。同时，企业越来越务实，组织一场培训多半是希望能够推进问题解决，而不是为5年后的人才储备做准备。这会让一天或半天的工作坊变得越来越普遍。一方面是需求不变而整体时间偏紧或被压缩；另一方面是工作坊特殊场域的营造、团队攻坚克难都仍然需要比较充足的时间。这两方面的双重压力对工作坊设计者提出了更高的挑战，这要求引导师在设计工作坊时需要做更多的准备工作，缩短工作坊的标准开场时长，选择更加简洁、紧凑有力的核心流程。一些有助于增强参与者体验但与问题解决关联不大的活动，都可能因为占据工作坊的宝贵时间而被舍弃。

再次，工作坊参与者需要新鲜的体验。

参加工作坊意味着人们要付出时间。一旦接受和认同了工作坊这种工作形式，企业就会形成"万事皆选工作坊"的惯性，并且会快速培养大量的内部引导师。为了让员工尽快上手，企业会快速引入一些可以复制的固定套路……这会导致不同主题的工作坊都是同一个流程模式。这虽看起来不存在逻辑问题，但是同样的参与流程很难激发出参与者新的创意和火花，工作坊的成果很快会变得平淡而缺乏浪花。尤其对于职业引导师来说，设计差异化的方案，变得更加紧迫。

最后，"引导+培训"型工作坊要求有更加综合的技术。

"引导+培训"型工作坊占据了工作坊的主流，正在大量替代不聚焦真实场景问题的传统技能类培训，这是因为理性的企业都希望学员学习技能以成为储备人才，同时又希望解决眼前的业务问题，这要求引导师在设计工作坊时需要多采用一些复合型和嵌套型的技术、流程和活动，以实现"一石二鸟"甚至"一石三鸟"的效果。这些兼具多重目的与效果的技术方法，既不能像传统教学设计方法一样清汤寡水般素淡，也不能像传统游戏沙盘一样主旨不清、避重就轻或"隔靴搔痒"，还不能像传统引导技术套路一样让人不报期待。

工作坊引导师需要不断突破自己

工作坊是一个包罗万象的盒子，外表看起来简单规整，内部却如同人体一般复杂。工作坊因为涉及教练技术、引导技术而流行，但是工作坊不等同于教练技术和引导技术，即使引导师掌握了足够的引导技术也不一定能够胜任工作坊的综合需要。如果不能够掌握工作坊背后的假设原理与运行规律，引导工作很容易出现失误和意外。引导师对工作坊原理与规律的探询过程不是一蹴而就的，需要实践与时间的双重磨砺，有时候又需要一点点运气，如同砸彩蛋一样，不是每一次都能有所收获。工作坊引导师需要成为培训与引导的老司机和老把式，如在修理发生故障的机器时，新的修理工可能会大拆特拆，置换很多零部件，而老师傅可能只需要更换一个螺丝就可以了。更有意思的是，工作坊设计不仅是一个步步为营、逻辑严谨的过程，也是一个展现艺术张力的过程。这意味着工作坊引导师还需要一定的悟性与灵性，如此才能让自己灵活运用引导工具。

对大部分的企业内部引导师来说，如果经常引导企业内部某个主题的工作坊，很容易想当然地认为工作坊也就这么回事儿。其实很多企业内部工作坊之所以能够成功，是因为内部引导师的自己人身份使之拥有先发优势。经常有企业内部的引导师跟我咨询如何转型为职业引导师，我给的最多的建议就是先多多"走穴"，去其他行业和公司举办一些新鲜主题的工作坊，倾听客户的反馈，反思和觉察待改进的地方；再跨层次地精进引导技能，避免停滞在引导技术和工具的层面；最后再多接触外部引导师，近距离观察、体验和见证有经验的引导师的工作。通过引导技术的认证成为职业引导师，这只是开始。我听过、见过太多职业引导师在工作坊中失利折戟的故事，也见识过很多大师级的引导师仍然保持对新的技术方法的学习。

随着引导师自身综合实力的提升，客户订单逐渐增多，在个人时间有限的情况下，职业引导师也很容易陷入价值观迷失的困境，对类似主题的工作坊不再保持好奇；不再审慎地思考工作坊的定位和焦点目标；不愿意再重新设计工作坊流程，到了现场期望参与者按照既定的流程设计走；不愿意面对工作坊中的冲突，哪怕已经意识和觉察到了冲突。这一系列充满风险的操作很容易让自己辛苦积累的口碑毁于一旦。而一旦不能做好利益取舍和价值观内省，职业引导师的职业发展可能进入停滞的状态。另外，引导师要依据自己的特点发挥优势，同时又要不断弥补自己的弱项，确保工作坊引导的成功率和稳定性。例如，我发现，逻辑思维强的引导师设计工作坊时，速度很快但容易陷入固定的流程模式；而逻辑思维差的引导师设计工作坊时，容易别出心裁，但常常缺乏贯穿始终的逻辑（随机性比较大）。

一位优秀的工作坊引导师需要至少同时掌握充足的培训技术和引导技术。如果你是从培训师转型成为引导师的，就需要学习补全引导的技能素质，并多实践纯引导型工作坊，从中体会引导师中立的选择，修炼引导师状态；如果你是从人力资源转型成为引导师的，可能培训经验少一些，就需要学习补全教学设计与培训技术，不会培训的引导师只能做好纯引导型工作坊；而如果你是其他岗位角色转型成为引导师的，就需要针对以上两种情况双管齐下。

工作坊的流程、工具、方法可以有一定的套路，但随着工作坊需求和场景更多样化，引导师必须未雨绸缪、海纳百川，要使工作坊技术不仅包含培训技术、引导技术、教练技术，还要融入以隐喻技术为代表的更多技术。这意味着，工作坊引导师不仅需要学习更广泛意义上的引导技术，更需要根据客户和自我发展的要求，融会贯通更多的技术方法。此外，从引导技术自身发展的角度来看，唯有实践和跨界整合才能使其持续保持活力。

工作坊引导师发展进入新的阶段

首先，持续服务客户与联盟越来越重要。能否持续为客户提供工作坊引导服务，将成为衡量和见证一个引导师设计水平和学习能力的重要标志。引导不同主题的工作坊，并让每次的工作坊设计都有亮点，让客户对工作坊保持好奇和期待，远比提供"打一枪换一个地方的游击服务"更有挑战性。同时，引导师一个人单打独斗占据主流的局面将发生改变，越来越多的引导师会像蜘蛛结网一样与其他的引导师或自由职业者结成联盟，"聚是一团火、散是满天星"，将是引导师持续服务大客户的工作状态。从引导公开课市场来看，唯有持续为引导学习者提供学习课程和课后辅导支持，才是真正有价值的服务，只能提供一次课程且课后联系不上的机构与老师将逐渐被理智的市场清理。

其次，引导师的课题分工开始显现。引导成熟的标志之一是引导师的分工和引导流程的分工会越来越细。这包含了三层意思，一是客户对工作坊引导师擅长的主题领域越来越看重，如企业文化主题的工作坊最好选择一位对企业文化非常熟悉且有操作经验的引导师，而如果选择一位引导经验更丰富但很少操作企业文化工作坊的引导师则很可能是不明智的。二是如果引导师只经常针对基层员工开展挑战难度较小的复盘工作坊，则面对高层领导开展团队融合的工作坊时挑战和风险就会很大，反之亦然。如果你对销售这个群体不熟悉，就会在客户让你去带销售群体的工作坊时候犹豫。三是引导师的兴趣与擅长课题开始有分工。在一个团队中，设计工作坊和带领工作坊可以由不同的引导师来担当，就如同培训师和课程设计开发师的分工一样，有的引导师更擅长总结和萃取经验、创新设计引导课程，有的引导师则愿意专心应用引导技术、操作工作坊。课题分工的加剧，会加剧行业的竞争，处在前列的引导师选择客户的话语权将越来越大，最终让行业出现优胜劣汰的良好生态格局。

最后，随着引导技术的不断普及，越来越的企业开始体验到工作坊的价值与魅力，引导师"一招鲜，吃遍天"的局面将被逐渐改变。塑造行业或主题引导竞争力、塑造独特引导风格、形成个性化品牌标签变得更加重要。体现在工作坊设计上，就是如何准确把脉客户的需求并抓住客户问题背后的症结。选择采用何种解决策略与流程，既能让客户更容易地解决问题，又能历练和发挥自己的引导优势与本领，还能让客户印象深刻、对客户影响深远，这需要工作坊引导师持续不断地精进、修炼和创新才行。

1.3 隐喻对工作坊设计的启示与价值

2016年，我开始研究隐喻，并逐渐发现其蕴含的巨大价值与广阔的价值空间。工作坊设计这个细分课题与领域，可以因为隐喻思维与隐喻技术的加入而再次焕发光彩。我发现，隐喻对于工作坊设计至少有五个重要的启示与价值，先分享给大家，待大家阅读完本书再来看这五点，或许会有更多的五点。

第一点，隐喻贡献了人们全新看待问题的视角

工作坊设计的前提和基础是对组织问题的认知和定义。隐喻的理论和技术告诉我们，针对某个问题，如果有不同的隐喻认知假设，我们就会采取不同的应对行为。传统的解决问题的基础假设是，组织是一台待修理的机器，解决问题最有效的方式就是更换已经损坏的零部件。然而，组织真的是一台没有生命活力的机器吗？当我们转换一个隐喻认知假设的时候，我们看待问题及解决问题的思路就很可能迥然不同。或许我们会发现，某个问题其实并不必着急去解决；或许我们会发现，从更大的画面看，某个失误反而变成了整幅画中最耐人寻味的亮点；或许我们还会发现，随着时间的推移，当初的一个败笔竟然像伤口一样自愈了，甚至连疤痕都没有留下。当我们遇到一些复杂、难以辨清的问题的时候，隐喻更能为我们提供一盏明灯，让我们看清楚下一步应该迈向哪边。

一般的引导师总会认为客户说的都是对的，自己只要扮演好一个优秀的引导执行者，并按照客户认知问题和解决问题的思路走就可以了。优秀的隐喻引导师则会理解和判断客户对问题的隐喻假设，并积极地启发客户觉察和重新尝试新的问题假设，有些情况下，问题一开始就不攻自破了。

第二点，隐喻提供了一种迂回解决问题的思路

在时间限制和效率导向的影响下，很多引导师都习惯了盯紧目标、短平快地解决问题的工作模式，似乎认为定义好问题是高效解决问题的唯一选择。硬碰硬地解决问题的背后其实是两种力量的对决，犹如免疫细胞与病毒之间的抗争，犹如水神共工和火神祝融之间的争斗，"城门失火，殃及池鱼"，或许此时"增强体质，提高免疫力"是一种更优的选择。另外，正面冲突除了伤及无辜，也很容易败下阵来。虽说"道高一尺，魔高一丈"，但是问题也经常会死灰复燃。战略性地采取迂回策略，积攒力量、等待时机或许才是彻底解决问题之道。组织的问题越来越复杂，"头痛医头，脚痛医脚"地直接出招，不仅容易招致反抗和反弹，而且容易只解决表面问题。绕到问题背后，发现问题的根源和土壤，继而采取行动，或许是一种更加明智的做法。

一般的引导师会使用"胡萝卜+大棒"的方式，让参与者胆战心惊、全身大汗地去解决问题，而不管参与者有多么不情愿。优秀的隐喻引导师在接到客户需求的时候，则会倾听客户过往解决问题的尝试做法，设计创造性的迂回流程，使参与者在山重水复疑无路之后，体验到柳暗花明又一村的豁然开朗。

第三点，隐喻丰富了人们解决问题的资源

工作坊的流程不仅要帮助参与者更容易地达成目标，也要帮助参与者发现解决问题的更多资源，如此参与者才更有信心前行。在解决问题资源方面，传统工作坊的做法主要包括激发优秀参与者的资源、整合外部资源输入、重新组合生成新的资源。在这三种资源生成模式下，工作坊设计也变得套路化，似乎除经验分享、内容输入和团队共创外，引导师已经无新技可施了。隐喻空间是工作坊现场的资源空间，是参与者共同构筑的备用资源宝库。引导师一旦让参与者拿到隐喻空间大门的钥匙，参与者就会进入隐喻的想象和启发的天堂，跳出纯逻辑思维的现实世界，释放出思想的野马，产出更多新奇的想法。

一般的引导师在工作坊前会判断参与者解决问题所需要的资源能否支持目标达成，如果差距过大，要么选择放弃，要么选择降低客户的期望和工作坊的目标，因为他们清楚工作坊和引导技术只能让参与者实现从0到1的跨越。优秀的隐喻引导师则更大胆和富有冒险精神，他们清楚参与者之间蕴藏的更多潜能，更擅长让参与者进入隐喻空间，轻松获取宝贵资源，然后回到现实，将资源填补到现实问题解决所需要的资源缺口上。

第四点，隐喻改善了人们解决问题的体验

通常，简单问题不需要召集众人以工作坊的形式进行解决，或者说工作坊是有一定资源、精力和时间成本的工作形式。工作坊除有主题区分外，也有难度级别之分，这挑战着工作坊设计者的经验和水平。很多问题的解决不是一蹴而就的，甚至有些时候大家忙活了一阵仍然是一头雾水。按照引导中

的一些经典流程和套路也不一定能够节省力气，更何况很多问题的解决都需要经历一个U形的过程，这对于引导师如何管理和节约参与者的精力投入和身体能量构成了挑战。隐喻技术以隐喻思维为基础，同时又融合逻辑思维，让工作坊的流程既具有合理性、能达到目标，又让解决问题的流程旅程化，即让解决问题的过程变得像一次探险或登山，参与者在有经验的导游带领下，既能享受路上的风景，又能享受付出后的收获，还能享受挑战极限的快感；既能从队友身上学到解决问题的经验，又能感受团队协同作战的乐趣……

一般的引导师在设计工作坊流程时，往往只会采用常用的逻辑流程，不仅单调乏味，而且很容易遗漏参与者的体验目标，甚至把满足参与者当作了解决问题的工具和手段。优秀的隐喻引导师则拥有更多的流程选择，每次设计的流程方案都不再只有一条路线，他们通过建构更加融合和更加完整的流程，不仅能够发挥逻辑流程的效率，也能增加隐喻流程的韵律和节奏感。

第五点，隐喻提高了人们解决问题的收益

运用隐喻解决问题过后，隐喻的效果不会马上消失，而会"余音绕梁，三日不绝"。隐喻一旦在工作坊中被刻意地重用，就会像酵母一样让工作坊的成果和效应持续发酵。首先，隐喻技术帮助人们转换角色与关系，唤醒人们不一样的表现，这会让人们沉浸于自己的最佳表现，并看到其他人的优秀表现，从而有助于改善工作坊过后的人际关系和工作关系。其次，隐喻思维激发了人们的想象力、创新力和进一步探究的勇气，让人们看到了解决问题的路径可以有更多的可能性，从而以脑洞大开的思维模式去应对近期的工作。最后，人们自带的隐喻能力一旦被发掘，一方面会更自信自立，另一方

面会更相信他人拥有解决问题的能力，这有助于营造知识工作者自主管理、群策群力和自主决策的氛围，调整管理模式，甚至会推动组织文化与组织模式的变革。

一般的引导师只关注工作坊的现场成果和产出，只关注发起人和参与者现场的反馈，在给组织和客户创造更持久的价值方面感觉力不从心和束手无策。优秀的隐喻引导师不仅会让解决问题的过程变得更加容易，让客户看到团队自身所拥有的无限潜能，还会让客户觉察解决问题的资源与方式与以往的差异，并促进客户反思过往的管理模式，甚至看到正在生成的未来。

1.4 关于隐喻的一般常识与非一般见识

隐喻的基本概念

大家熟悉的是比喻、类比、借代这些中学语文课上反复提及和练习的文学修辞手法。隐喻，对于很多人来说，似乎只知道其大致的内涵，同时还有一些不确定。其实，隐喻是比较普遍的语言现象，大家在日常生活中每天都在使用。英国修辞学家理查兹（L. A. Richards）曾说过，我们日常会话中几乎每三句话就有可能出现一个隐喻，美国心理学家吉布斯（R. W. Gibbs）认为人一生中大约使用470万个新颖的隐喻、2140万个定型化的隐喻。隐喻，也叫暗喻，与明喻一起，属于比喻的一种。隐喻的概念，有狭义和广义之分，除一些专业的场景明确区分外，我们国内的新闻媒体一般也都会用比喻来统称和涵盖隐喻，这反映了官方和主流媒体认识到了隐喻辅助认知和理解的功能。

在企业界，许多知名企业家也都是隐喻的高手，如苹果公司创始人史蒂夫·乔布斯在谈及平板电脑的未来时，认为这好比农业时代所有的车都是货车，而到了工业社会则是汽车占据主流，电脑时代就是农业时代的货车，而平板电脑则是工业时代的汽车。特斯拉创始人埃隆·马斯克在谈及电动汽车的发展时运用比喻说明美国正在失去领先地位，"美国领先很久了。当你领先太久时，你就会认为领先就是理所当然的。就像一些职业运动员，他们连续多次赢得冠军，他们就会变得自满，然后就会开始输"。小米创始人雷军与来参访的政府官员谈小米的"粉丝经济"时说，"粉丝经济"就是走群众路线，相信群众、依赖群众。华为创始人任正非谈管理时说："管理就像长江一样，我们修好堤坝，让水在里面自由流，管它晚上流，白天流。晚上我睡觉，但水还自动流。水流到海里面，蒸发成空气，雪落在喜马拉雅山，又化成水，流到长江，从长江又流到海，海水又蒸发。这样循环搞多了以后，它就忘了一个还在岸上喊'逝者如斯夫'的人，一个'圣者'。它忘了这个'圣者'，只管自己流。这个'圣者'是谁？就是企业家。"透过示例，我们发现隐喻是互联网时代领导者向员工、媒体和大众传递想法的必备技能，是塑造和扩大影响力的压箱底的技能。

有时候，我经常说，国人喜欢用比喻这个词汇，老外喜欢用隐喻这个词汇，以方便大家理解隐喻。隐喻这个词近些年频繁出现并从比喻里面成功脱身出来，吸引了大家的眼球。我身边不少人是从教练技术、即兴戏剧、设计思维、沙盘课程、体验式培训或叙事疗法、心理治疗领域听到或了解隐喻这个概念的。隐喻迅速积攒和扩展了自己的粉丝人群，并引发了广大的教练、培训师、引导师和学习设计师的研究和学习热潮。

接下来解析一下隐喻的概念和特征。首先，相比较于明喻，隐喻采用A是B而非A像B这种隐晦的表达方式，例如，生命如同一场旅行，这句话有明确的连接词"如同"，那就是明喻，类似的连接词还有"好像""彷佛""似乎"等。如果说"生命就是一场旅行"或"直接提及生命这场旅行"，这就是隐喻，两个不同事物的连接词是"是"，或者直接不用任何连接词。

什么时候我们会刻意使用隐喻呢？当我们遇到一些复杂的概念和复杂的事物，无法认知、判断和理解的时候，我们经常采用隐喻或打比方的方式。例如，在理解"区块链"的概念时，我们发现，听完特别专业的解释，很多人仍然是一头雾水，这个时候就必须使用隐喻。同时，我们也会发现，身边总会有一些人经常有意或无意使用一些比喻或打比方的方式，这样他的讲话就会特别生动，而且比较容易被记忆和理解。背后的原因就在于隐喻的巧妙运用。不少培训师讲课枯燥，很大一部分原因就是没有采用生动化的隐喻语言；而有些人无法理解引导师在工作坊前的场景布置和工作坊一开场的参与规则构建，也是因为不懂工作坊本质上就是一个隐喻空间；教练的有些提问让被教练者抗拒和反感，也有未采用隐喻教练®问句的原因。

隐喻的英文Metaphor是从希腊语Metaphora演变而来的，它由词根和后缀构成，词根的意思是跨越，后缀的意思是传送，合起来的字面意思就是将某物从A点传送到B点。从A点到B点，让我想到一场培训也是从起始点到目标点的过程，一场工作坊也是从主题议题问题到解决方案的过程，一场会议也是从问题提出到问题解决的过程。

随着人类对隐喻研究的逐步精深，我们发现隐喻在我们的语言环境、思想中无处不在。隐喻不仅是语言学和修辞学的概念，还是认知科学、现代教育学、脑科学、心理治疗和引导领域的重要概念，甚至可以说人们对于新事物的概念系统就是建立在隐喻之上的。隐喻作为一种通行的主流认知方式，其实是把熟悉的、已知的、具体的概念向抽象的概念映射，进而理解抽象概念的认知过程。在这个过程中，我们把要理解的抽象概念称为本体，把能够帮助我们理解本体的具体概念称为喻体。隐喻的本质就是借用喻体来理解和体会本体。隐喻"能近取譬"（《论语·雍也》）、"举也物而以明之也"（《墨子》），如我们借助助产士或导游这个喻体来理解引导师这个本体，由此引导师（facilitator）这个复杂的新概念，就与我们过往所认知的助产士或导游构建了连接、传输、互动甚至替换关系。隐喻是人们认知和思维的基础，是人们引爆认知的导火索，是人们打开新世界的钥匙。

西方隐喻研究史概览

了解了隐喻的基本概念后，以下快速地了解一下隐喻的研究史。隐喻从语言学和修辞学中脱离出来经历了比较漫长的时期，至今人类对隐喻的功能原理和应用的研究仍在进行中。相比较而言，尽管我国古代对于隐喻的使用和研究起始得比较早，但整体上仍然将其归结为一种语言形式和修辞手法。关于隐喻，也有两种不同的观点，一类观点贬低隐喻的价值功能，柏拉图对隐喻的斥责矛头直指诗人和诡辩论者，认为他们误用语言，并使人远离了真理。另一类观点则赞誉隐喻的价值功能，如亚里士多德认为善于使用隐喻的人都是天才。贬损只会让人们停下对隐喻研究的脚步，然而隐喻自然不愿意被套上牢笼。20世纪70年代末80年代初，隐喻彻底走上认知舞台，像迈克尔·杰克逊一样成为巨星并赢得了掌声和鲜花。从隐喻对于工作坊设计的正向价值出发，我们本节只呈现西方在隐喻研究史上典型人物的部分重要观点。

亚里士多德——语言装饰论

亚里士多德认为，隐喻本身是作为添加在语言之上的装饰品而存在的，人们以特殊的方式在特殊的时间和场合使用它。亚里士多德在《修辞学》里写道，古怪的词语只不过使我们百思不得其解，普通的词语只蕴含我们已经知道的东西，只有从隐喻里我们才能最好地把握新鲜事物。恰如其分地使用隐喻，就是把熟悉的和不熟悉的相结合。亚里士多德曾说，至今最伟大的事是对于隐喻的掌握，隐喻是不能向他人传递的（现在看是比较片面的观点），它是天才的标志（巨大的自然能力）。因为要创造好的隐喻，意味着对相似点具有敏锐的观察力，要从相异的事物中觉察到相似性。总之，亚里士多德最早肯定了隐喻在认知和思辨中的作用，他的隐喻修辞理论，为隐喻研究的发展奠定了基础。

昆提良——修辞装饰论

昆提良是古罗马的演说家、教育家和修辞学家。他的修辞装饰论代表了古罗马修辞学的最高成就。昆提良认为，隐喻是用一个词代替另一个词，两者以含义的相似性为基础，是一种更简洁的明喻。在众多的修辞格中，隐喻是最常见的和到目前为止最美丽的一种比喻。他从修辞学的角度出发，把自亚里士多德以来对语言和隐喻研究的古典主义方法论推向了一个顶点。他着重指出了隐喻四个方面的转移特征：一是把有生命的转移为无生命的；二是把无生命的转移为有生命的；三是把有生命的转移为另一个有生命的；四是把无生命的转移为另一个无生命的。和亚里士多德一样，他将隐喻视为点缀在修辞风格之上的高级装饰品。

理查兹——互动论

在隐喻认知思想的发展进程中，理查兹对隐喻普遍性和认知本质的揭示为当代隐喻研究转向奠定了基础，可以说，理查兹是把隐喻从传统的修辞学中解放出来的第一人。在《认知隐喻学》里，理查兹指出，传统隐喻理论最大的缺陷就是忽视了隐喻从根本上讲是一种思想之间的交流，是语境之间的互相作用。理查兹认为，隐喻不是一种赏心悦目的装饰品，也不是对艰难生活或语言现实的超脱逃避，它由现实构成，同时也构成了现实。隐喻的主要用法是扩展语言，进而扩展现实意义。理查兹在1936年写成的《修辞哲学》一书中，首先提出隐喻实质是互动（interaction）的观点，这成为当代隐喻研究的主要方向。这个观点认为语言实质上是隐喻，隐喻有本体和喻体两个方面，而本体和喻体之间存在着共同点；本体和喻体之间不一定以相似性为基础，两者相互作用可以以非常多的方式进行隐喻，甚至可以建立在差异性和对立的基础上。理查兹还认识到了隐喻的悖论性本质，一方面使用隐喻是每个人的自然技能，每个人都可以轻而易举地掌握隐喻，用隐喻进行交流和沟通；另一方面隐喻的运作机制在本质上也是复杂的，是无法解释清楚的。

雷迪——传导论

传导隐喻是雷迪1979年在《传导隐喻语言中关于语言的框架冲突的个例》一文中提出的。他的基本观点是，隐喻的原生地是思想，说话人将思想

（物件）置于词语（容器）中，让它们顺着管道传送至听话人，然后由听话人将思想（物件）从词语（容器）中取出。随着传导理论被接受，人们逐步发现和确认了隐喻系统构筑了我们日常的概念系统，包括绝大多数的日常语言体现的抽象概念。就隐喻学来说，雷迪是上承理查兹的隐喻互动论，下启莱考夫与约翰逊的认知概念论的关键人物。

莱考夫与约翰逊——认知概念论

尽管雷迪在20世纪60年代已经提出传导隐喻的观点，但是他的观点在相当长时间内未能引起学术界的注意，直到1980年莱考夫与约翰逊合著的《我们赖以生存的隐喻》出版（隐喻研究史上的里程碑事件），把人们对隐喻的认识提到新的高度。隐喻研究从此摆脱了以文学和修辞学为本的传统隐喻理论的束缚，被正式纳入认知科学的新领域。他们发现隐喻在我们的日常生活中到处都是，不仅存在于语言中，而且存在于思维和行动中，我们平时进行思考和行动的日常个人系统基本上都具有隐喻的根本性质。隐喻的根本性质是概念性的，隐喻语言是派生的；隐喻思维是不可避免的、无处不在的，而且大多是无意识的；没有隐喻的话，抽象概念是不完整的；我们以通过隐喻派生而来的推论为基础生活。

隐喻的两大特征

古希腊最博学的哲人亚里士多德，是隐喻的推崇者和赞赏者，他说恰当的隐喻就像一个谜语，给人洞察和惊喜，善于使用隐喻的人都是天才。然而找到一个合适的隐喻并不容易。我们需要了解隐喻的关键特征。隐喻的关键特征包含了相似性和差异性，也就是说，本体和喻体之间既要有相似性，又要有差异性，隐喻是相似性和差异性的统一。

一个好的隐喻，对于独特的受众而言，往往要在相似性与差异性之间取得平衡。相似性不能太大，差异性也不能太大。

如果差异性太大，则人们很难在本体和喻体之间构建连接关系，隐喻的效果就不够明显。例如，有人说"引导师是马路牙子"（北方话，马路两边的沿儿），"引导师是法官"，前者不够好是因为很多人都不知道马路牙子是什么东西，后者不够好是因为大家理解中的引导都是不对内容进行评价、自己不输出结果的，而法官是明显要给出最后裁定结论的那个人（与其说引导师像法官，不如说引导式培训师更像法官）。

反之，如果相似性太大，则人们就会感觉你的隐喻说了跟没说差不多，也就是不能通过喻体来体验和理解本体。例如，有人说"引导师就是教练""引导师就是催化师"，前者不够好的原因可能是不少人对教练依然无法感知，后者不够好的原因是有些人不了解催化师的工作，或者已经很明确地知道催化师就是facilitator的不同翻译。

隐喻的相似性适度有助于我们更快速地理解和迁移知识，相关的经验也会促使我们对比反思；相似性过大带来的风险就是压缩了我们的想象空间，并催生了我们拿来主义、直接复制套用的心理惯性。隐喻的差异性适度有助于我们产生对差异性原因的思考和驱动我们对本体进行更深层次的理解；差异性过大带来的风险就是让人们无法构建连接或直接降低了人们参与的兴趣（认为与己无关）。隐喻唯有兼具相似性与差异性，方可让人感觉既严肃又轻松，既可借鉴又有空间，既能检验认知又能赋能于人，而那些让人云里雾里、迷失方向或者陷入其中而无法自拔的隐喻都是不符合隐喻两大特征的。

总之，使用好隐喻，可以帮助我们传递复杂的概念，让受众、参与者和学员更加轻松地认知、记忆和理解，但是隐喻使用得不当，则达不到理想的效果。隐喻的使用需要我们更多地刻意学习和练习。另外，隐喻还可以应对和满足客户、机构和学员追求新鲜体验和差异化体验的诉求。隐喻为心理治疗、教练技术、培训技术、引导技术输入了新鲜血液，是我们区别于同行的制胜法宝。隐喻技术也成为让工作坊设计与引导不落俗套，并塑造与众不同的参与体验的方法论与实战技术方法。

隐喻的四种典型出现形式

在日常工作生活中，隐喻有四种典型的出现形式或呈现形式，分别是静态的概念、静态的框架、动态的流程和完整的故事（见图1-1），分别对应概念隐喻、框架隐喻、流程隐喻和故事隐喻四种隐喻技术。

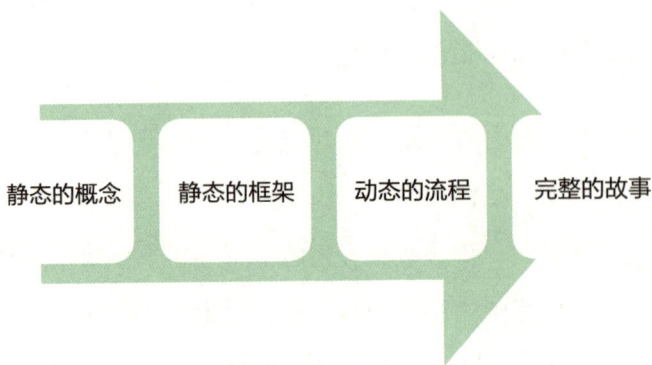

静态的概念　　静态的框架　　动态的流程　　完整的故事

图1-1　隐喻的四种典型出现形式（呈现形式）

举例来看，如果说引导师是一座灯塔，那灯塔这个意象是一个相对静止的概念，我们就称之为静态的概念。如果说引导师分三个层次，低层次的在山脚，高层次的在山顶，更多人在山腰，引导师被分布在一个山的框架模型里，我们称之为框架隐喻。如果说引导师成长就是攀登引导之山的过程，则需要引导师从起点出发，攻坚克难，持续攀登，我们就说这是一个动态的隐喻流程。如果说引导是熬煮一锅石头汤的过程，则石头汤故事里面包含了情景、人物关系、矛盾冲突和解决矛盾冲突的完整过程，我们就说这是一个完整的隐喻故事。

以上的隐喻的四种出现形式有各自的优势和风险，从整体上来说，隐喻效果和挑战难度呈现逐级而上、层次愈加丰富的趋势。

1. 静态的隐喻概念

使用静态的概念的优势是本体与喻体的连接干脆利索、清晰明了。使用静态的隐喻的风险有两个。第一个风险是如果喻体选择不够恰当，就跟受众没有强的连接，受众很难借助喻体去理解本体；第二个风险是静态的隐喻画面容易让受众浅尝辄止。例如，"引导是一座灯塔"，这听起来就是一个定论，而受众对灯塔已经非常熟悉了，那就没有太多继续探索本体的兴趣、机会和空间了。

选择用静态的概念表达的时候，首先，注意要尽量选择受众比较熟悉的画面，如此大家才有共鸣；其次，尽量选择那些耐人寻味和有想象空间的喻体。这要求隐喻使用者对静态喻体的基本功能、组成部分、内部构造及关系非常清晰。例如，如果知道灯塔本身必须坚固和耐久，我们就可以得出引导师要像灯塔一样中立、稳固；灯塔不仅引导船舶航行，还会指示危险区，这也预示着引导师要让大家少踩不必要的坑；灯塔的高度要适中，就如同引导师既要有丰富的经验，又要能够贴身服务；灯塔只在轮船的导航功能缺失的情况下发挥作用，这预示着如果参与者不需要引导，则引导师没有必要干扰。

2. 介绍静态的框架

静态的隐喻框架经常出现在商务工作环境中，尤其在各类PPT报告中，一个带隐喻效果的模型框架一出来就很容易抓住人们的眼球。框架的结构引发人们去探索层次关系和丰富内涵，而留白的设计更让人有一种主动填充和补充想法的冲动。例如，当我们说工作坊引导师具备的胜任素质是一座冰山模型的时候，我们在水上冰山呈现创建合作式客户关系、开展工作坊设计、准备输入内容、平衡时间分布这四项内容，而在水下冰山我们只用了一个标题显现引导师状态。那接下来我们就可以进一步思考：引导师状态里面包含了哪些内容呢？这些内容之间有没有更细化的层次和关系呢？如果引导师已经呈现了一座完整的冰山模型，那么你可以根据自己的认知和理解去构建自己的冰山模型吗？

静态的框架的选择体现一个人的隐喻水平，经过刻意学习和练习的隐喻教练®懂得隐喻的静态框架选择背后的规律。首先，本体与选择的静态的框架之间必须符合好隐喻的典型特征，要平衡相似性与差异性。其次，好的静态的框架往往结构简单、逻辑清晰、层次分明、重点突出。相反，那些过于复杂、偏离人们认知逻辑常识、过于追求细节的静态的框架则不是好的选择。

最后，要抓住本体的核心与喻体的关键特征，让两者轻松地连接起来。

3. 动态的流程

使用动态的流程的优势是循循善诱、富有层次。例如，当将引导比作攀登一座山时，人们很容易想到山脚、山腰和山顶的风景是各自不同的，攀登者的视野、处境和心情感受也是不同的。当别人在循序渐进地讲自己的登山经历时，人们过往的记忆和经历也会被调动出来，并相互糅合，这时，人们就如同在喝一杯混合口味的新鲜果汁。如果你是一位视觉引导师，则可以多使用动态的流程来作为视觉模板，这是因为动态的隐喻不是很复杂，又能够融合很多流程和内容，并且给使用模板的人很大的灵活性。这需要视觉引导师能够做更细致的隐喻，以确保找到本体与隐喻的动态的流程之间的关联。

使用动态的隐喻的风险是会让过程过于复杂或缺乏新的视角。例如，将引导比作登山，如果先从组建团队、选择目标、勘察地貌、规划路线、准备粮草辎重讲起，最后才讲登山的流程，则让参与者觉得过程过于系统和烦琐、偏离重点或者无法激发参与者的兴趣，参与者就不一定有耐心跟随引导师；如果面对的刚好是一些都熟悉登山隐喻的参与者，如果引导师没有更新、更独特的视角，参与者就会感觉索然无味。

在选择动态的隐喻的时候，除继续选择参与者比较熟悉或容易认知的过程外，还要使关键流程简洁，要紧扣重点，前后变化对比要清晰，要让参与者感觉有很强的层次感和变化感。

4. 完整的故事

隐喻的第四种呈现形式是完整的故事，这也是隐喻设计中挑战最大和要求最高的。完整的故事的优势是内容更加完整，故事情节有代入感、引人入胜，故事的内涵和过程也会引发参与者的多点思考和反思觉察，例如，对于石头汤的故事，人们可以挖掘的点有很多，如可从引导师的表现、引导的过程、参与者的表现和引导的成果等多个视角去解读这个故事，从而有助于参与者更全面认知引导是怎么一回事。

一般来说，对于完整的故事的选择要求比较高，尽量不要选择有明显负面意义和印象的故事；选择的故事脉络不能太过复杂，不然很容易让人脱离故事情景；故事的主线和主旨要聚焦，要与本体事件的人物关系、挑战任务、矛盾冲突和解决过程有一定的相似性；要避免出现多余的故事信息，以免给受众造成干扰和困扰。在讲述关于隐喻的完整的故事时，要时刻与本体事件相关联，引导好参与者的专注力并让其在本体和喻体之间轻松地游离和切换。

隐喻生产漏斗

亚里士多德曾认为隐喻是一种天生的技能，隐喻是不能向他人传递的。这个观点在一定程度上造成了人们对隐喻的片面认识。现在人们对隐喻的研究和理解，已经远远超越了古希腊时代的修辞学的范畴，而且人们发现尽管某些人使用隐喻是有先天优势的，但是在了解了隐喻的发生机制和生产过程后，绝大多数人都还是可以使用好隐喻的。人们一旦培养了隐喻这种有意识的技能，那使用隐喻发挥威力的应用场景也将变得更加广泛。

面对本体，一个好的喻体的选择并不是凭空产生的，它往往需要经历三个关键的步骤，而这三个步骤的层层过滤，形似一个漏斗，由此我们称之为隐喻生产漏斗。

漏斗的第一层包含了三个部分，分别是人们对本体的认知积累、喻体资源的日常积累和关于隐喻的常识。能够简单生动地讲述本体的人往往对本体有很深的接触和认知。如果人们的大脑中没有关于本体的任何确定信息，则没有办法将本体和喻体连接在一起。就如同你不知道引导师和助产士的角色和工作，就很难认同引导师就是助产士一般，夏虫不语冰、巧妇难为无米之炊的道理大家都能理解。除持续深入研究本体外，引导师、培训师等还要拓展与本体有关的知识，以从多视角了解本体。另外，跨领域地交流有助于拉伸引导师、培训师等对本体的认识。有了对自然万物和人生百态的丰富体验后，隐喻就有了源头活水。有了敏锐观察的意识后，引导师、培训师等还要多注意收集经典有趣的隐喻概念、高频常用的隐喻框架、意味深长的隐喻流程和充满玄机的隐喻故事，这样才能做到"时机一到，信手拈来"。

漏斗的第二层包含了两个部分，其一是人们对本体特征的观察、理解和分析提炼，其二是人们对自己所掌握的喻体库进行的扫描和比对。没有对本体特征的理性思考，就很难找到相似的喻体，就如同引导师对自己的核心工作、胜任素质和特征不了解，就没法判断法官和裁判这两个喻体是否合适一样；尽管有时对本体的理解到不了一定层次也可以找到喻体，但是经验指出，对本体越熟悉，人们越容易具备隐喻思维和意识。这也是人们平常判断一个引导师或培训师是否真正专业的重要标志。厉害的引导师或培训师往往擅长用通俗化的案例和隐喻来表达艰深的观点。没有对喻体特征库的扫描、比对，人们就没有办法找到相关联的喻体资源，这就如同你之前没有听说过助产士这个常用喻体，不了解苏格拉底关于"好的教育者都是助产士"这个名言警句，就很难将其作为喻体的备选方案。

漏斗的第三层是牵线搭桥的生产流程，包含移情、通感、想象、逻辑分析等综合技能，这个部分也是亚里士多德等人所认为的特殊技能。下面重点解释一下通感。钱钟书先生说过，"在日常经验里，视觉、听觉、触觉、嗅觉、味觉往往可以彼此打通或连通，眼、耳、舌、鼻、身各个官能的领域，可以不分界线……"例如，当人们形容一个人笑起来很甜的时候，就是用到了通感。诗人、作家、画家、音乐家想象和通感的能力往往超越常人。但是一般人也都有想象和通感的能力，因为成年人都是从孩子成长起来的，儿童时代大家都是想象与通感的天才，如看到月亮会想象到饺子，听见好听的音乐会食欲大增，这都是借助想象将视觉与味觉连通的杰作。

如果没有想象和通感等技能，哪怕本体在你的左手、喻体在你的右手，你也会发现两者是彼此独立、毫不相干的。想象和通感的技能，在不同的人身上所体现的天赋是有所差异的。例如，有些特别追求实感的理性的人，可能就会缺乏想象与通感的技能，但这些技能通过后天练习是可以弥补和变得很强的。想象和通感的技能有助于人们加速生产隐喻的过程，并有助于人们流利地讲述隐喻。

经过以上三个层次的过滤后，一个恰当的隐喻产品也就诞生了。接下来，负责任的厂家还会进行一道质量检验，也就是人们需要知道判断一个隐喻够好还是不够好的标准。

在前人的研究基础上，我们发现，一个绝佳的隐喻往往同时具有五个典型特征：喻体是能够轻松让人产生连接和认同的，本体、喻体的相似性和差异性是均衡可见的，喻体是富有层次的，喻体是耐人寻味的，喻体是给人洞察启发和惊喜的。隐喻的五个典型特征贯彻隐喻的基层技术和延展技术，指引和监督引导师用好隐喻技术，是隐喻教练®的罗盘与标尺。

第一个特征"喻体是能够轻松让人产生连接和认同的"，意味着当一个隐喻出现的时候，受众能够快速进入隐喻的空间，并发现本体与提示的喻体之间的关联。

第二个特征"本体、喻体的相似性和差异性是均衡可见的"，这并不是说相似性与差异性各占一半，而是说本体和喻体之间的相似性和差异性都是能够被比较显著地发现的，而非全部是相似性或差异性的极端情况。

第三个特征"喻体是富有层次的"，指的是好的喻体本身包含丰富的信息，如果不断地探索跟挖掘喻体，就可以看到本体和喻体之间更多的关联或差异。

第四个特征"喻体是耐人寻味的"，意味着好的喻体不仅满足了纯理性的认知功能需要，还让人们在情感上有一种类似拨云见日般豁然开朗的愉悦感，并会在再思索时，让人觉得意犹未尽。

第五个特征"喻体是给人洞察启发和惊喜的"，意味着喻体对于受众来说不仅有新鲜的惊讶，还有原来如此的惊喜。例如，之前有人曾说"引导师像牧羊犬""引导的过程就像帆板在海上曲折前行一样"，这都让我意想不到。

一个不够好的隐喻要么是荒唐怪异的，要么是难以理解的，要么是牵强附会的，要么是缺乏空间的，要么是喧宾夺主的。例如，有人曾提出"引导像挖坑，而引导师像裁判"，这一般让职业引导师很难接受和认同。

了解了隐喻生产漏斗和隐喻的质量判定标准，接下来要做的就是刻意练习，将你自己选定好的隐喻交给你的受众，听听他们的反馈和想法。这才是真正的质量第一、客户之上。另外，好的隐喻产品值得你不断打磨、宣传或收藏。

隐喻的基础功能

隐喻有两个基础功能，一是建构认知，二是反哺认知。建构认知是借助隐喻辅助人们解析和体验复杂的本体。喻体的概念有助于人们对本体的概念形成建构性的认知和理解。

1. 建构认知

隐喻的建构认知功能分为三个层次。第一个层次是面对有点了解但还是不太熟悉的事物时，人们会用熟悉的事物来帮助理解和体验，这个层次比较常见，大家也都比较容易理解。例如，当面对你不熟悉的引导师的时候，你会选择用导游这个比较熟悉的角色去理解和解读引导师这个角色。第二个层次是面对几乎不熟悉的事物时，人们会借助隐喻的方式做选择性的验证。第三个层次是面对完全陌生、未知和不熟悉的事物时，人们会借助隐喻的方式去探索。例如，1916年，德国天文学家卡尔·史瓦西通过计算得到了爱因斯坦场方程的一个真空解。这个解表明，如果一个静态球对称星体实际半径小于一个定值，其周围会产生奇异的现象，即存在一个界面——"视界"，一旦进入这个界面，即使光也无法逃脱。这种"不可思议的天体"被美国物理学家约翰·阿奇博尔德·惠勒命名为"黑洞"。

如果只关注第一个层次的隐喻功能，则隐喻的价值就打了折扣。接下来，重点介绍隐喻建构认知的第二个层次和第三个层次。

如果人们对引导师的工作是比较陌生的，人们就会思考引导师的角色到底像什么？然后，人们会选择性地给出几个喻体如航海家、导游等，一旦有了喻体的概念选择，人们就会做一个选择性尝试。假如引导师是航海家，则来看下这个喻体跟引导师之间有什么样的相似性和差异性。依此比照验证过后，人们要么是从这几个喻体中找到了共同的特征，要么是选择了一个最合适的喻体。

这个过程就好像将一块刚露出尖、不规则的石头从土里面挖出来一样，人们会拿自带的各种模具去拴套石头尖，以方便拖拽，直到找到一个最合适、最牢靠的，然后拴上绳子齐心协力地把石头拉拽出来。

这就是人们面对几乎不熟的本体的时候，选择用各种喻体进行试验、验证和选择的第二个层次，也是运用隐喻去面对复杂问题的一种非常好的思路和习惯。在我过往做咨询项目时，经常遇到一些领导，他们听完你的想法后，都会给出几个隐喻选择，让你去核实和验证，这对于后面更加深入的沟通和达成共识至关重要。

接下来进入第三个层次，当人们对本体完全不熟悉的时候，例如，面对引导师完全是小白，甚至没有听说过，这个时候你会发现，无论怎么做解释对方都很难理解。解决这个问题的做法有两个，一是让他现场体验引导师的工作，二是在体验过程中让他激活旧知和连接新知。

当对方朦朦胧胧地感知到引导师有些像导游，又有些像航海家，有了喻体的概念后，认知就开始了。他会带着导游和航海家的喻体印象继续探索和体验，而且在深度认知的过程中，他的脑海中关于导游和航海家的印象、记忆和画面会反复出现，与现实的体验进一步交织融合，最后就会得出一个导游似的引导师或航海家式的引导师的概念出来。

这个过程听起来有点像《鱼牛故事》，如果换用一个积极的视角去看这个故事，就会发现池塘的鱼儿对陆地的牛儿的印象拼图其实是人类认知过程片段的隐喻。这看似荒谬，实则是很正常和很有必要的想象时刻与童稚时刻。隐喻第三个层次的建构认知功能，对于人类来说至关重要，是人们探索宇宙未知的秘密武器，也是人类进步的重要阶梯。

以下再列举一个示例，在教学设计领域，很多人都知道和了解有三种典型的教学设计理论，一直在指导着人们的教学实践，那就是行为主义、认知主义和建构主义。这三者分别在20世纪50年代、六七十年代和七八十年代开始盛行。这些教学思想的背后和基础其实是一个关于学习是怎么回事的隐喻。行为主义认为学习是增强反应的过程，好的行为要强化，不好的行为要矫正，类似于修理机器的过程；认知主义认为学习是获得知识的过程，类似于输液的过程；建构主义则认为学习是知识建构的过程，就类似于砌墙的过程。针对学习这个本体的不同隐喻，反映了人们对学习这件事情的不同认识和理解，就如同一股又一股的动力，源源不断地推动了人们对教学和学习的认知与发展。当更多人都对某一个喻体有共鸣和共识的时候，处于本体位置的教学方法论就会得到推崇。

透过隐喻的第二个层次和第三个层次的功能，人们会发现隐喻的价值已经不只是装饰本体概念和辅助认知本体的"丫鬟"角色，其真正的实力是担当认知主体的"大小姐"角色，这也是近代认知科学和脑科学研究的成果。

在工作坊中，我们经常面对参与者或学员对某些重要概念认知不尽相同的情况，此时我们就可以运用隐喻的方式，让不同层次的学员写下认为合适的喻体，并在组内筛选和达成共识，然后在大组中进行碰撞交流，或者带着这些隐喻加入工作坊，边体验边丰富喻体的内涵或做出调整。这样，我们不仅可以得到更加个性化的认知成果，而且对比前后的喻体，我们还会看到参与者和学员成长的全过程。

2. 反哺认知

反哺认知就是借助对喻体特征的挖掘，反推到本体做相关特征的对照和验证，最终对本休形成全新的认知和理解。例如，当有了引导师是助产士的隐喻过后，人们进一步对助产士的工作角色和特性进行挖掘和了解，然后回过头来再看引导师在工作坊前的准备工作，人们就会发现引导师需要准备的更多。

建构认知仍然是以服务于对本体的认知为目的的，而反哺认知则是以重新解构对本体的认知为目的的。反哺认知是在建构认知的基础上的升级动作，是特别让人开心和着迷的隐喻功能。如果说建构认知是人尽皆知的"大路风景"，则反哺认知就是吸引人们不断探索并不断有惊喜发现的"神秘风景"，正所谓"无限风光在险峰"。

建构认知是快速提取和连接本体的核心特征和喻体的核心特征，从而实现喻体和本体的相配过程。作为培训师、引导师和教练，我们选择使用隐喻，不仅因为它的"相似性"会带来显化认知的价值，还因为它的"差异性"会带来引发新启示的价值。

隐喻的反哺认知的功能背后，反映的是本体和喻体这对组合的交互作用和转化作用。很多人都知道"庄周梦蝶"的故事。庄子在一次梦中因幻化为栩栩如生的蝴蝶而忘记了自己，醒来后才发觉自己仍然是庄子。然后庄子提出了一个惊人的思考：不知是庄周梦中变成蝴蝶呢，还是蝴蝶梦中变成庄周呢？庄周与蝴蝶那必定是有区别的。之后庄子称之为物我的交互与转化。

"庄周梦蝶"给我的两个启示是本体和喻体之间虽然有差别，但是在隐喻的空间里两者是可以相互替代的；同时，当离开隐喻空间后，本体身上依然会有喻体的特征和痕迹，在隐喻发生的过程中，喻体赋予了本体一定的能量，从而让本体闪闪发亮。

这也是为何隐喻有助于教练辅导和心理治疗的原因。当被教练者进入隐喻空间时，呈现的是放松自在的状态，由此可以做更大胆的尝试和探索，也会有更多的新发现，无论是看待外界，还是觉察自我；离开隐喻空间的时候，被教练者身上就有了隐喻空间加持的力量，就好比是幸运地捡到了一件作战神器一样，不再像之前那样赤手空拳地面对现实的困难和挑战。

对于培训师和引导师，隐喻的建构认知功能让他们有了寻找喻体的冲动，而隐喻的反哺认知功能则使他们拥有了更多的发挥空间。如果新发现的喻体特征与本体互动，则可以形成新一轮的洞察。这会给参与者洞察和惊喜，也会使一次小小的比喻过程变得更加耐人寻味。

举例来说，当人们听说引导师像"牧羊犬"的时候，刚开始可能会笑，但是一旦继续倾听这个隐喻的描述，就会跳入牧羊人、羊群、牧羊犬及大草原的隐喻空间里，会看到他们之间的互动：牧羊犬帮助牧羊人，不仅照看羊群、维持秩序，也会保护羊群，避免骚扰，让羊群安心吃草，顺利回家是它的职责所在。反过来看引导师的工作，也是如此，引导师服务于发起人和参与者，按照发起人的指示构建一个轻松的场域，管理好掉队的参与者，也满足参与者的合理需要，同时还会照顾好自己。

由此，选择一个好的喻体至关重要。一个好的喻体不仅让人们理解了本体，让人们建构了本体，更让人们对本体有革命性的认知。有经验的隐喻引导师能够借助隐喻过程和细节的描述，让受众有新的视角；进入隐喻的空间，在想象空间打开的同时，启发和觉察的空间也跟随着被打开，受众舒服地参与、认知、认同和探索；而离开隐喻空间后，融合了画面、情感、知识的记忆也被继续锁定下来，融入真实的世界。隐喻空间与真实世界不断交互与转化，一轮又一轮的体验像万花筒一般扑面而来。

案例：解构喻体，获取新的认知

很多父母都会给孩子报各种兴趣班，我身边有家长在周末的一天中会给孩子报五个班，连轴转。培训机构和家长给出的报班理由一般都是"不能让孩子输在起跑线上"。怎么来回怼这一类看似很有道理的观点呢？一般的"摆事实，讲道理"是行不通的，太费劲了，必须从根源出发，发现和分析这一类观点背后的隐喻假设。

"孩子不能输在起跑线上"这句话背后的核心隐喻假设是，人的一生是一场赛跑，孩子正处在跑道的起点，而有一个好的起跑是很重要的，尤其是短竞赛跑。如果别人家孩子都起跑了，自己落后了就会导致最终的比赛结果很不理想。

果真如此吗？这个隐喻假设里面有三层关系，孩子学习成长与赛跑构成一对隐喻关系，孩子与运动员构成一对隐喻关系，报班跟起跑构成一对隐喻关系。以下我从三个方面重新解构一下这三对隐喻关系。

首先，关于比赛项目：人生真的是一场赛跑吗？如果是赛跑，就一定是短跑吗？万一是N个中长期跑或N个马拉松比赛呢？另外，如果真是比赛，为什么只比跑步？为什么不比十项全能呢？

其次，关于比赛规则：赛跑的比赛规则是看谁跑得更快，那人生赛跑的标准也只有速度和时间这一个衡量标准吗？孩子如果跑不动了，是不是挂着拐杖也要跑？如果孩子像刘翔一样刚起跑就退场，家长就不能接受吗？另外，是大家都要有一个统一的起跑线吗？这是谁划定的？是不是说孩子的水平已经超过起跑线了，还要再退回来吗？

最后，关于参赛者：孩子为什么要跟别人赛跑？为什么不是跟自己赛跑呢？孩子真的是运动员吗？是他们自己想做运动员，还是被按在了起跑线上的？孩子适合做运动员吗？为什么不是家长去参赛？家长是孩子的教练吗？家长跟孩子的关系只有教练这层关系吗？两者的师徒关系是短期合约还是长期合约呢？什么样的条件会导致这层关系破裂？

综合以上，如果我们从比赛项目选择、比赛规则和参赛者三个方面中任选一个去重构假设，都可以有效回怼"孩子不能输在起跑线上"这一类的观点。再总结下，对一些振振有词看似有道理的观点，回怼的方式就是重构它的隐喻假设。

隐喻的五个延伸价值

隐喻具有建构认知和反哺认知两大基础功能，也就是说恰当的隐喻可以帮助人们解析复杂的概念，让认知与沟通变得更加容易。当人们进入充满想象的隐喻空间后，可以从中获得启示和启发，从而丰富、拓展自己之前的认知。

在此基础上，隐喻的价值还可以有更多层次的延展和拉伸。如果把隐喻的价值功能想象成"这个石头引发的一池涟漪"，那么隐喻的建构认知和反哺认知就是处在第一圈层的涟漪，概念隐喻、框架隐喻、流程隐喻与故事隐喻就是第二圈层的涟漪，而情景故事、沙盘共创®、隐喻播报、隐喻剧场®等教学活动则属于第三圈层的涟漪。其中，第二圈层的概念隐喻、框架隐喻、流程隐喻和故事隐喻是隐喻大树的"躯干"，有助于人们进一步地理解隐喻的强大功能与价值原理，并有助于使用者在各自的场景中广泛地应用隐喻；第三圈层的情景故事、沙盘共创®、隐喻播报、隐喻剧场®等是隐喻大厦的"花朵与果实"，有助于从事教学与引导活动的人丰富教学形式，塑造隐喻氛围和发挥隐喻的价值。

在我比较熟悉的教学、培训、会议和工作坊场景下，将第二圈层的隐喻延伸使用，会发现隐喻有以下五个延伸价值：激发参与，促进沟通；贡献场景，活化观点；聚焦关注，滋养想法；厘清关系，清晰思维；突破限制，推动创新。这也是我为什么引入隐喻以升级传统教学、培训与引导的关键原因。

1. 激发参与，促进沟通

当借力喻体表达想法的时候，通俗简单的喻体让受众有了更多机会参与进来，哪怕对方不熟悉你讲的本体想法，也可以依据对喻体的认识和了解分享自己的观点和看法；当双方就喻体这个"桥梁"进行探讨交流的时候，双方就构建了一个共享的隐喻空间，这使分享观点变得更加安全，交流氛围变得更加轻松自在，真正的对话变得更容易发生。

对话示例

甲：我们公司最近开始专注区块链业务，我感觉区块链就是一种连坐式的加密技术，让你周边的邻居联合起来保护你的安全。

乙：的确如此，远亲不如近邻，邻里关系处理得好，我们会感觉更加安全和和谐。古代说"家和万事兴"，我觉得这个家可以指包含了邻里的大家族。

甲：嗯，区块链的邻里关系比农村的邻里关系更简单，比城市的邻里关系更紧密。

2. 贡献场景，活化观点

缺乏场景的对话是没有连接和生命的。当人们将所要描述的事情比拟为一场旅行的时候，双方关于旅行的经历都会被快速激活，共同的经历和不同的体验不仅为对话的持续进行贡献了原材料，也让对话变得更加鲜活。在每次对话中，当隐喻出现的时候，生涩的语言也会一下活起来。无论当下身处何方，关于远方和故乡的回忆都让人向往，隐喻就是身边的诗和远方。

◉ 对话示例

甲：我最近跟我男朋友的关系走到了一个冰点，我感觉我们俩快处不下去了……

乙：嗯，我也有类似的经历，上一次我跟我朋友吵架，感觉就跟《速度与激情》一样，因为一个误会，一个拼命逃离，另一个拼命抓捕……

甲：嗯，我也有同感，我是身不由己地逃离啊。最近工作出差太频繁了，估计他还以为是我想摆脱他，我得跟他电话好好说清楚，不然这种逃离与抓捕的游戏真会让双方都吃不消……

3. 聚焦关注，滋养想法

当人们选择一个喻体作为背景框架的时候，实际上就为信息划定了一个范围和边界，这就好比为海上搜索工作规划好了区域，从而节省了搜索的工作量，也让搜索变得更加有效；同时，当你主动为对方设置了参考体后，对方也有更多机会结合参考体进行发挥，从而激发出了更多的想法。

⚐ 对话示例

甲：最近我在换工作，我感觉自己到了十字路口了，左右为难。

乙：嗯，如果你在十字路口，你的前后左右都是什么呢？先从后面的顾虑说起吧，再说前面的梦想……

甲：我担心新的工作还像之前一样遇到一个特别挑剔的上级，我不太擅长处理敏感的人际关系……我期望未来的工作能够让我有更多的机会和舞台专注地做事情，如果文化氛围简单些则我更喜欢……

4. 厘清关系，清晰思维

隐喻是以相似性逻辑为基础的，缺乏逻辑的隐喻只会让人感觉莫名其妙。人们在使用隐喻的时候，往往都暗含和植入了一定的逻辑和结构，这不仅有助于帮助整理想法、梳理关系，也有助于让对方快速捕捉到关键点。纯逻辑的关系，很容易让人们陷入说服与反驳的尴尬境地。包含了隐喻的主张不仅有助于传递关键信息，也保持了一定的开放度，允许对方重构关系。

♀ 对话示例

甲：我真搞不清楚我的上级到底想要我如何表现。如果我不发表观点，他则说我过于内向；如果我发表观点，他则又说我讲话不过脑子……

乙：嗯，我感觉你老大跟你说的话只是冰山一角，你可以试着倾听水下冰山、他真正想表达的观点……

甲：哦？你提醒得对，或许他想说的是重要场合下的发言先征求下他的意见和建议，跟他保持比较一致的团队形象……

5. 突破限制，推动创新

人们一旦进入隐喻空间，大脑的想象空间也随之开启，现实的各种拘束暂时被放在脑后，人们的潜能被激发出来。一个喻体场景往往附带一定数量的想法，当人们更开放地变更喻体场景的时候，更多的想法会被带出来。相比较于头脑风暴等直接生产想法的方式，隐喻的使用会让创新变得更加轻松和容易实现。

♀ 对话示例

甲：我真是穷途末路了。我们老大说"中层后备干部培养方案"缺乏亮点和创新，我已经提了三个改善想法，又被否决了……

乙：嗯，理解。咱们换一个视角看中层后备干部，商场如战场，如果想要确保你们公司超越竞争对手，你觉得后备干部还需要哪些必杀技？或者再看下人才培养的过程，如果想让他们从目前的"毛毛虫"蜕变成"蝴蝶"，过程中安排点啥可以激发大家呢？

甲：哇哦，你提醒了我，后备人才必须得掌握的必杀技是分析判断和决策的技能，他们之前往往都是提建议而不是直接对结果负责任，这一块儿在方案里面真要强化和突出……要想让大家真正实现蜕变，我感觉除他们自己努力蜕变外，我们得设计一个有明确蜕变过程参考的路径图，减少盲目与无效的成分……真是太感谢你了！

隐喻的非最佳适用场景

一是当对方渴望直接被告知明确具体答案的时候。例如，对方就想知道明天周几、老王的直属上级到底是谁、这个产品到底能不能用水洗，此时直接告知比隐喻表达更有效率。如果非要用隐喻，此时不妨在对方需要你继续解释澄清时，运用隐喻进行辅助说明。例如，明天是周五，很快就可以放飞了；老王的直属上级是老刘，人家他俩是在同一个船上的；这个产品不建议用热水长时间清洗，很容易掉毛。

二是当对方一听到隐喻故事就抗拒的时候。越来越多的人都认识到讲故事是一种很好用的方式和手段，此时如果有人有过一些不幸的经历，并认为讲故事就是画大饼或洗脑，一觉察到对方在讲故事，就直接连接过往的经历并引发反感情绪，隐喻故事就很容易失效。此时，不妨将对方的抗拒反应也编入故事中，即兴地延续和拓展之前的隐喻故事，让现场与故事空间更加接近（具体参见故事隐喻）。

三是对方很明显对你使用的隐喻充满偏见跟较真的时候。同一个喻体

"横看成岭侧成峰"，不同人的关注点和看法都不尽相同。生活中总有人会有独特的视角，要么是对你用的喻体有偏见，要么是对你本身有偏见，或者你本身没有找到一个合适的喻体，不管你如何强调说明，总会有人对你提出挑战。此时，不妨让对方提出一个新的喻体，然后你在他的喻体基础上继续挖掘本体和新喻体的关联。

第 2 章

基础隐喻技术 1：概念隐喻

2.1 概念隐喻简介

概念，是人们快速认知事物和理解事物的一种方式，是加速沟通效率的助燃剂，也是检验人们认知层次的量尺。例如，对于区块链，如果人们不清楚这个概念，则会阻碍人们继续探索区块链的应用；同时，如果描述了一大堆区块链的特征，但是无法给出它一个标题或概念，则很可能意味着人们还不能够抓住其本质和关键区别特征，也会让人们的信息传递和沟通表达过程变得冗长和低效率。概念是认知旅程中的里程碑。

人们常借助概念隐喻让艰涩的内容生动化。古典哲学创始人康德曾说过，人的隐喻能力是人的普遍创造力的表现；创造性的隐喻表征，能引发比直白概念更多的理性思考。

概念隐喻理论是乔治·莱考夫与马克·约翰逊于1980年提出的，其核心思想是"隐喻不仅广泛存在于人们的日常生活交流中，还根植于人们的思维中，从本质上说，隐喻是人们思维的基本形式，是人们赖以生存的认知手段"。隐喻，是两个不同的概念之间的映射关系，即用简单概念向复杂概念的语义特征投射。由于隐喻的主体和客体都是概念，所以这类隐喻也叫概念隐喻（Conceptual Metaphor）。例如，人生是旅途，争论是战争，时间是金钱等。概念隐喻一般不需要解释，对方就会理解。当然有些抽象概念需要借助隐喻化语言情景传递，如"知识是食物"这个概念隐喻，需要继续延伸至"学习后要消化吸收"这层意思。

对于培训师，实现概念隐喻有助于自我检验关于内容的理解程度，有助于生动化传递学习要点，有助于检验或强化学员对学习要点的记忆和理解。

对于引导师，引导师的核心工作就是，让一切变得更加容易，引导参与者实践概念隐喻，这有助于让参与者浮现真实的想法、达成共识，有助于形成多样化的成果产出，有助于强化参与者对成果产出的拥有感。

面对需要隐喻化的概念，借力概念隐喻实现生动化有四个步骤。第一步是提取其核心特征和比较特征，第二步是发散思考并形成5~7个隐喻，第三步是筛选出1~3个隐喻，第四步是形成相对稳定的隐喻解读。

例如，对于引导师这个概念的隐喻化，第一步是提取关键词，选择与培训师这个角色进行对比，形成3个核心特征和比较特征：内容中立、群策群力、过程专家。

第二步是依据隐喻产生的漏斗模型，就会搜索大脑过往的经验、知识和观点，发散思考并形成助产士、指挥家、导游、领航者等备选的隐喻。

第三步是筛选出1~3个隐喻。依据好的隐喻的特征与不好隐喻的特征，对备选的隐喻进行对比分析，之后确定助产士和导游这两个喻体更适合受众理解。

第四步是形成相对稳定的隐喻解读，如引导就是帮助客户产生隐喻的过程，引导师扮演的是助产士角色；或者引导就是带领一群游客爬山的过程，引导师扮演的是导游的角色。

对于培训师，形成确定的隐喻和稳定的解读，不仅有助于对知识进行标准化传递，而且有助于构筑自己的培训特色和体系。强烈推荐培训师把自己课程中的关键概念与核心学习要点进行隐喻化处理。

对于培训师自己形成的隐喻概念，不一定是所有学员都喜欢的，所以在学员学习过一个阶段或学习完毕后，有必要引导学员形成自己个性化的隐喻概念。一是方便培训师检验学员的理解程度，依据情况进行补充或校正；二是方便学员从培训中总结沉淀并形成自己的认知成果，这个成果是学员的左脑与右脑联合工作的成果。

同理，在引导成果产出的阶段，引导师也可以让学员对前期体验的过程、学习的收获或关键的成果进行概念化总结提炼和隐喻化处理，尤其当现场的学员组成比较多元且存在一定的知识壁垒的情况下，过于专业的解读不容易让对方理解。例如，某单位某小组产出的"应对新冠肺炎疫情问题的关键策略"是"由线下转为线上"。为了更好地影响其他小组学员，本小组可以做一个概念隐喻，即关键策略是要由陆地动物转变为两栖动物，白天在陆地，夜晚在水中，要根据场景和客户需要调整作战状态。如此，就方便更多学员理解和参与。

另外，在引导过程中，引导师可以借助概念隐喻的四个步骤，现场引导学员形成独特的概念印象和符号记忆，使学员浮现真实的想法或达成共识。这在问题分析、策略寻找和成果产出之前特别重要。例如，战略研讨会之前，先让大家针对"战略"这个主题概念形成隐喻，以寻求语言共识，这是至关重要的。当各小组学员提炼了战略的关键特征和比较过特征后，小组内部可以采取头脑风暴的方式形成多个隐喻选择，之后引导师给出隐喻的标准或运用隐喻标准对大家确定的1~3个隐喻进行点评、总结和提炼，最终形成对战略的隐喻解读。

除在澄清主题概念时使用隐喻外，有经验的引导师还会在思考逻辑与假设方面借助隐喻探询概念的深层意思，并鼓励学员运用隐喻进行生动化表达。当深层的意思以隐喻的形式表达出来的时候，想法才算是真正表达了出来。概念隐喻也常被用在团队共创后，如在团队共创成果产出后，引导师一般会先进行概念化标题提炼，之后在概念的基础上再进行隐喻图像标注。在总结收获环节，有经验的引导师还会让团队学员运用隐喻图像总结团队共创的收获，以强化团队学员的参与记忆和成果拥有感。

2.2　概念隐喻示例

教学过程之概念隐喻示例

在教学过程中，记忆、理解、分析、评价、创造等经常被提及，以下将针对这些概念进行隐喻化解释与区分，以方便读者理解概念隐喻的产生过程与应用价值。

记忆：记忆的过程就如同人们能够将信息储存在大脑这个仓库里面，如果需要，则可以随时根据需要调取信息。短期记忆就是暂时存放，意味着过一段时间再重新清理仓库的时候，这部分信息可能会被清理掉。长期记忆就是长期存放，而且会被清晰地标记，以方便不时之需。拥有记忆功力的仓库管理员在师傅的指导下能够开展基础工作。

理解：理解的过程就是人们弄清楚货物的特征、价值和用途的过程。在这个过程中对仓库管理员的要求更高一些。如果记忆是依据标签能够找到货物和运储货物的，理解就意味很清楚这批次的货物应该存放在阴凉、干燥、通风的地方，而且是用来治疗感冒发烧的药物，是要发送到偏远地区的药物，包装必须完整，运输过程中要注意不能暴力装卸。能够理解货物是公司招聘仓库管理员这个职位的重要条件。

分析：分析的过程是在理解的基础上有更高层次的要求，意味着仓库管理员还能够辨别这批货物能够与哪些货物一起存放和装车；如果与哪些货物放置在一起则会发生危险；如果这批货物中有部分货物被征用，则要对剩余的货物如何重新码放和管理做出调整。分析还可能意味着，仓库管理员能够从整体和系统的角度，分析目前仓库管理的问题，并提出改善的建议和意见。

评价：评价的过程对仓库管理员也提出了更高的要求，意味着仓库管理员能够从仓库安全和使用效率等维度，进行分区评价或整体评价。评价的标准不管是自己设计的，还是借鉴设计的，仓库管理员都能够精准地将仓库进行分级管理。依据综合打分和各维度的打分，仓库的管理将会更加精细化，这意味着高等级的区域负责人会被鼓励，低等级的区域负责人将会被提醒，并且大家都对这份评价表示认同和接受。

创造：创造意味着仓库管理员能够在现有资源的情况下，打破常规，重新规划仓库的设计、使用和管理，或许是从安全角度，重新设计了新的待检区域；或许是调整了进出库流程，以大幅度地提高部分区域的使用效率；或许是使用了机器人替代人工进行仓库内部的运储……总之，因为这位仓库管理员的加入，公司的仓库在没有多少新资源投入的情况下一下子焕然一新了，效率和效益有了惊人的变化，这个变化足够让人兴奋和激动。

课程名称之概念隐喻示例

课程是培训师的产品和名片，好的课程名称有助于培训师开展传播和宣传工作。借助隐喻对课程名称进行装饰和装修有助于提高课程的亲和度与知名度，有助于强化机构与受众对课程的独特记忆和印象，甚至有助于培训师重新定位课程、完善课程内容和调整课程营销策略。借力概念隐喻将抽象、直白、干涩的课程名称隐喻化，主要有三种方式。

第一种方式： 在主题后增加一个喻体。新增加的喻体直接替代本体。基于喻体的概念认知，受众一般都能够快速判断出这个课程的核心内容及关键特征。例如，"引导魔法箱®"这个课程名称，寓意是引导充满魔法且工具众多；"培训师的百宝囊"这个课程名称，提示课程适合培训师且会有很多实用的锦囊妙计；"DISC魔方"这个课程名称，说明课程讲授DISC的不同性格，并且会传授类似魔方的组合（甄别）方式；"管理三板斧"这个课程名称，说明会传授管理者三项简单实用且易操作的工具方法。

使用第一种方式时，需要特别注意的是主题与喻体要有一定的相关性，如果缺乏关联则削弱了隐喻的传播效果。

第二种方式： 在主题前增加一个喻体。新增加的喻体主要起修饰性的作用，有时也起限定和突出课程主题关键特征的作用。例如，"阶梯管理"这个课程名称，寓意是管理者的工作像阶梯一般在不同阶段有层次、有变化；"流淌的笔尖"这个课程名称，用"流淌"寓意绘画的轻松、自然和畅快，突出课程特点；"水性领导力"这个课程名称，明确表达本课程区别于其他的领导力课程，突出领导力本身具备水的特征。

使用第二种方式时，特别需要注意的是，前面的喻体与课程主题或课程内容的特征具有相似性和关联性。课程设计者需要提炼和筛选好课程主题的核心特征（唯一性），以确保喻体能精准反映和彰显课程的特点。

第三种方式：在课程主题后增加一个有喻体的副标题。副标题的意义在于明确和强调本课程的特点和价值，使用这种方式主要是为了兼顾主标题的简洁传递和副标题的辅助说明功能。例如，"定位：争夺用户心智的战争"这个课程名称，副标题将定位的过程隐喻为一场战争；"工作坊设计——职业引导师通关秘籍"这个课程名称，副标题突出了工作坊设计对于职业引导师晋级的重要价值；"用数据说话——职场沟通与晋级利器"这个课程名称，副标题突出强调数据化沟通的现实价值。

副标题的选择与课程的定位选择有密切关系，可以强调功能和价值、聚焦受众收益，也可以显现同类课程的比较竞争优势；同时，副标题既是一种限定，也具有灵活性，培训师可以保持课程核心内容不做大的调整，将一门主打课程变换成适合多个场景和群体的"系列课程"。例如，"工作坊设计©"这门课程，在面向职业引导师时副标题可突出通关秘籍的价值，在面向培训师时副标题可以修改为"课程设计涅槃之旅"，在面向人力资源业务人员时副标题可以修改为"会议流程集线盒"。

最后，无论选择以上哪种方式，培训师都可以选择让一个具象的喻体形象与课程名称如影随形，这是一种课程隐喻效果的强化策略或补救策略。例如，"工作坊设计©"课程选择用三箭射靶图，隐喻工作坊设计就是同时满足焦点目标、体验目标和内容目标的射击过程；"引导师状态®"课程选择用不倒翁图，以显现引导师状态的标准形象，隐喻引导师状态如同不倒翁一样中立、稳定又具灵活性。这一类策略是在课程名称已经固化、不好更改的情况下的补救措施，是培训师课程视觉化的重要组成部分（更多参见隐喻海报设计示例），有助于强化受众对课程的记忆、感受与印象。

另外，在课程名称隐喻化之后，还可以在制作培训课件PPT的时候继续做隐喻化工作。对工作坊的引导师来说，课件资料不只是提词器，而是学员解决问题的重要资源（支持内容目标达成）。一般来说，我会按照三个步骤完善课件资料，第一步是借助PPT自带的Smart Art形成内容，确保要点内容逻辑清晰、简洁呈现；第二步是站在学员的视角，进行生动化处理，包括强化学员理解的案例题设计、增强学员投入的互动设计（设置填空题、选择题、判断题等），以及检测学员习得的练习题设计等；第三步是进行整体的隐喻化修饰，即运用概念隐喻、框架隐喻、流程隐喻等进行内容调整、模型换框、关系呈现或辅助设计，以突出课程的整体框架、重点要点模型和降低课件资料的理解难度和记忆难度。

2.3 50个常见的喻体形象

视觉化呈现和表达已经成为人们工作、生活中的一部分。拥有视觉化思维的人已经显著地具备差异化优势，并为大家所喜爱。然而，由于缺乏积累，面对抽象复杂的概念和事物，如何找到合适的、简单生动的视觉形象，对于大多数人来说仍然存在着困难，那怎么办呢？人们可以从常见常用的喻体入手，借助它们来刺激自己的联想能力和连接思维；同时，人们也需要深入探索喻体配对背后的规律和原理，从而让自己的视觉化呈现和表达技能有质的飞跃。

生活中有些生动的喻体经常出现，以至于人们已经有了惯性的联想，甚至不假思索地表达认同。例如，看到蜡烛、春蚕，人们就会想到教师；看到蒲公英，人们就会想到传播者（如内训师）；看到扳手人们就会想到工程师或操作工。由此，进行一定的总结和归纳，有助于人们构建和丰富自己的喻体资源库。

同时，这个联想替代的过程，与先有本体，再来寻找喻体的过程似乎不太一样，从严格意义上来说，这种用甲事物的名称来指代与之相关的乙事物的做法称作转喻，可以用人们比较熟悉的"借代"这种修辞手法来理解转喻。

隐喻和转喻都属于认知语言学的概念，两者的功能价值存在很大的相通性，但在使用和呈现时又有一些不同。隐喻的前提和基础是两个事物之间存在着相似性，转喻的前提和基础是两个事物之间存在着某种相关性。

从基础特征看，隐喻的比拟特征更加突出，转喻的替代特征更加突出。对于所有的隐喻，人们都可以找到本体和喻体，并且用"本体就像喻体"这个明喻的句式来表达，而有些转喻就无法使用这个句式来表达。举例来说，当试着描绘教师这个角色的时候，如果你一下想到的是春蚕、蜡烛，这就是隐喻（比拟）的过程；如果你一下想到的是教杆、黑板、作业或教师的眼镜、白发，则就是转喻（借代）的过程。

再举一个例子，当用康乃馨替代母亲这个角色的时候，其背后主要是基于两者的相关性而非相似性，这是因为康乃馨与母亲节的由来相关，而在此之前人们很难将母亲比拟为康乃馨。然而，人们普遍有共识的转喻背后不仅有相关性，也有相似性（浅层的或深层的），如男孩子送女孩子玫瑰、女孩子送男孩子巧克力，之所以被人们接受，就是因为玫瑰和巧克力都与爱情的美好与甜蜜等相似。

我看到在农村，有些精明的商家试图复制和占领人们的心智，就想出来一些类似的招数，如舅舅给外甥送一包花生，外甥要给舅舅送99个鸡蛋，大概取意"甥跟生""舅跟九"的谐音，但这些风俗很难持久并更大面积地流行，主要是因为外甥跟舅舅的关系和花生跟鸡蛋之间的相关性，缺乏合理的隐喻逻辑，不仅缺失相似性作为基础，也缺乏足够的替代性。

总之，不管是隐喻还是转喻，都以有画面感的图像来指代或替换抽象复杂的概念与事物。面对同一个事物，无论是隐喻还是转喻都有助于视觉化呈现和表达。转喻场景化更强、更加直接和形象，隐喻更给人们有留白的思考空间。

从画面入手有助于培养人们的视觉化思维，方便人们进行视觉呈现和视觉化表达。以下介绍50个常用的喻体形象示例（仅为示例），相信这50个喻体形象可以帮助读者构筑喻体资源池。

（1）长青之树：寓意某个事物如大树一般生命力持久。类似的还有"灯塔水母"（一种能够分化转移和返老还童的水母）。

（2）爱之玫瑰：寓意绚丽惹火的同时带刺的爱情。

（3）沉甸稻穗：寓意成功收获或成熟谦虚的姿态。

（4）拦路荆棘：寓意阻碍人们继续前行或给人们制造麻烦的事物。

（5）冰山一角：说明某件事情只是整体事件中可见的一小部分，暗示着还有更多或更本质的信息需要深入探索和挖掘。

（6）重如泰山：寓意某件事情如泰山一般沉重和重要。

（7）岸边灯塔：寓意帮助人们摆脱迷茫、重新找到方向和归宿的人或物。类似的还有指南针。

（8）连接桥梁：寓意在两件事物之间构建联系、实现通达的关键人或物。类似的还有蜘蛛网。

（9）生命之烛：代指需要呵护的、燃烧自己照亮他人的奉献精神或已逝生命。

（10）时间沙漏：寓意随着时间的推移，某些东西逐渐减少、消逝或另一些东西逐渐沉淀积累。

（11）压力弹簧：常寓意人们所承受的压力与动力之间巧妙平衡的转换关系。

（12）珍贵钻石：常寓意坚固、美丽且值得珍藏的资源。

（13）反馈镜子：常寓意能够帮助人们反思和内观的人或事物。

（14）新鲜窗户：寓意让人们打开新空间和视角的关键步骤和道具。

（15）有色眼镜：寓意人们对某些事物的固有看法。

（16）功能钥匙：寓意帮助人们解决问题和麻烦的物品。

（17）遮挡雨伞：寓意为人们提供庇护和安全的物品。类似的还有降落
　　　 伞、帐篷、盾牌、铠甲等。

（18）牵线风筝：寓意飞得很高但是时刻被牵引或管理的状态。

（19）风云剪刀：寓意彻底斩断烦恼的做法和物品。

（20）胜利奖杯：寓意胜利、成功和王者的姿态。

（21）妙计锦囊：寓意容纳了出其不意的能帮助摆脱困境的想法。

（22）承载容器：寓意包裹、包容物品的物品、载体、空间和状态。

（23）定海神针：寓意让人们心神安定下来的物品。类似的还有船锚。

（24）马良神笔：寓意能够让梦想成真、心想事成的神器。

（25）天使之翼：寓意带给人们希望或为人们提供保障的道具和人。

（26）生命之舟：寓意危急关头带领大家逃离危险的人和事物。

（27）孕育鸡子：常用来说明内部成长与外部压力两种不同的效果和结果。

（28）授粉蜜蜂：代指积极的传播者和辛勤的劳作者。

（29）团队蚂蚁：寓意个体力量弱小但群体力量强大的事物。

（30）美丽蝴蝶：寓意营造轻松、安静和安全氛围的一类人。

（31）涅槃凤凰：寓意经历磨难洗礼且浴火重生的人。

（32）问题猴子：寓意到处制造麻烦和问题的人。

（33）隐者大象：寓意被人们忽视的真正问题或事实的完整全貌。

（34）纸做老虎：寓意徒有其表实则很弱的人或事物。

（35）筑梦彩虹：寓意梦一般多彩多姿、美好的事物。

（36）燃烧烈火：寓意制造生命或毁坏生命的事物。

（37）隐忧暗流：寓意主流方向之下可能导致人们失利的因素。

（38）吸能旋涡：寓意会耗费精力资源并让人们难以脱身的境地。

（39）危险地雷：寓意时刻会被引爆的潜在风险。

（40）喷发火山：寓意已经显露且毁坏力巨大的隐患。

（41）反应温度计：寓意情绪感受反应从冷静到发热再到滚烫、沸腾的
过程或状态。

（42）红绿信号灯：寓意接下来的工作有停止、开启、延续或警示三类
走向。

（43）魔力吸尘器：寓意可以吸走或排除的干扰因素。

（44）飞翔热气球：寓意自由的梦想或旅行。

（45）疗愈创可贴：寓意可以给予的慰藉和疗愈的事物。

（46）能量注射器：寓意输入促成改变的资源或治疗疾病等。

（47）梦想彩绘板：寓意抒发内心愿景与想法的载体和空间。

（48）阻断篱笆墙：寓意阻挡关系或保护关系的介质。

（49）神奇时光机：寓意不同时间和背景（不同的想法和观点）。

（50）共创石头汤：寓意共创共享的过程和机制。

备注： 为了推广隐喻教练®和帮助读者开启隐喻空间，我将以上这50个喻体形象示例连同常见的隐喻框架和隐喻流程等印制出来，制作了一套精美实用的隐喻教练®图卡（合计约70张）。特别感谢余辉、俞萃Fiona和Orane赵三位视觉引导师的精心绘制。如需购买，可添加微信"linshiran008"进一步咨询。

2.4 概念隐喻的常见喻体的三种使用方法

第一种，作为静态隐喻概念替代抽象的本体。人们已经习惯了用隐喻图像来借代相对复杂或抽象的概念，甚至一提到本体立刻便能够想到喻体形象。例如，用沙漏代指时间、用桥梁代指连接、用蒲公英代指传播、用洋葱代指逐层关系等。这些独立的静态隐喻工具已经成为视觉符号，积累并随时调取这些符号有助于人们快速视觉化地呈现概念。

第二种，在对话中植入静态隐喻概念，以激发人们的想象力与创造力。人们常用一些喻体在沟通中，尤其是在教练式的提问对话里，它们直接隐身在一句话的语境中，让人毫无察觉。这些植入的静态隐喻工具辅助人们表达，让人们在解释复杂的想法时省更多力气或让人们更隐晦地表达，同时，还给予了对方想象空间和思考余地。

例如，反观自我的时候，每个人都需要一面镜子，不是吗？

此时此刻，你内心最渴望的一把雨伞是什么？

如果为你当前的生活开启一扇新的窗户，透过它你会看到什么？

如果有一把万能钥匙，你最想打开的是一个什么谜题呢？

如果你现在已经有了一个指南针，它会指引你做出什么选择呢？

当你左右碰壁找不到方向时，谁会在关键时刻给你一架走出困境的梯子呢？

在以上的提问中，可以看到镜子代表了一个帮助自我反思和省察的工具，雨伞代表了贡献安全屏障的工具，窗户代表了通向新出路和希望的工具，钥匙代表了解决问题的关键工具，指南针代表了探明发展方向的工具，梯子代表了承载和助力你克服困难的工具。有意识地使用隐喻在语境中，不仅让人们的沟通更有色彩，也让对话变得更有方向性和价值感。

在问句中植入静态的隐喻概念不仅有助于教练与被教练者之间的对话，也有助于工作坊现场的众多参与者进行思考与对话。这是因为静态的隐喻概念往往跟每个人的工作生活非常贴近，使人们理解起来不仅比抽象的概念更容易，而且还可以激发人们产出更多的想法。我在设计工作坊时，往往会提前把关键的流程问句整理呈现出来，并在此基础上进行隐喻化处理（植入静态的隐喻概念）。以下是我曾经使用的隐喻问句："影响我们团队实现最大效能的杠杆什么？""阻拦我们继续前进的牵绊是什么？""阻碍我们实现愿景的绊脚石是什么？""让我们可以大胆创新的安全包里面有什么？""让组织可以长生不老的灵丹妙药是什么？""我们团队的定海神针是什么？"供大家参考。

第三种，借助组合的静态隐喻概念进行对比。借助两个差异比较大的隐喻图像进行比较，有助于人们更清楚地理解两个本体之间的关系；如果用一个公式来表达，就是A与B的关系约等于C与D的关系。例如，人们常用"以卵击石"形容那些自不量力的对抗，常用"蚂蚁与大象"形容两者绝对力量的悬殊或灵活性差异。在这两个例子中，卵与石、蚂蚁与大象似乎已经成了一对组合，只要联想到其中一个，另一个就会自然而然地浮现。类似地，人们还会用石墨与钻石来对比本质相同但是价值不同的两个本体，用咖啡和大蒜来形容不同的文化，在开放空间中人们用蜜蜂与蝴蝶形容两种截然不同的参与者状态。

2.5 角色隐喻、关系隐喻和工具隐喻

50个喻体形象代表了人们经常使用的隐喻概念，人们还可以继续对其进行分类。从功能价值与应用场景来看，人们可以遴选出角色隐喻、关系隐喻和工具隐喻这三类概念隐喻，它们三位如同三位卓尔不群的妙龄美女，一下子就捕获了人们的关注力。

角色隐喻

以下通过"管理的三个角色隐喻"案例来介绍何为角色隐喻。

案例：管理者的三个角色隐喻

管理者到底是一个什么角色呢？以下选取三个常见的隐喻来窥豹一斑。一是认为管理者是一座灯塔，不仅照亮着人们前进的方向，而且在危难之际也给予人们温暖和希望；二是认为管理者是一位交响乐团的指挥者，他虽然自己并不操作乐器，但是让交响乐团各个角色合奏出美妙的华章；三是认为管理者是一个脚手架，他搭建一个工作平台，让大家在上面安全从容地工作，让工程得以顺利完成，而当建筑最终完成、自己不被需要的时候，再被拆除。管理者的这几个角色分别对做好管理工作有何启示和启发呢？这三个角色叠加在一起的管理者又是什么样子的呢？

角色隐喻是一位性格内向且多能多技的美女，横看成岭侧成峰，远近高低各不同。参照神经语言程序学（Neuro-Linguistic Programming，NLP）大师罗伯特·迪尔茨的逻辑层次模型，人们的行为受自我角色指导。例如，在女儿面前，我的角色是一位父亲，我就需要努力做好她期待的父亲的角色，例如专注而勤奋地工作，不断学习让自己快速成长，遇到困难勇于面对，给予他人专业的支持，保持工作与生活的平衡等；在公开课学员面前，我又是一位引导先行者和传播者，我就需要满足大家对引导技术的学习渴望，需要规划引导技术的学习路线，设计适合不同层次群体的实战课程，在课堂现场展现良好的引导师状态，为大家提供辅导反馈和脚手架的功能，课后还能继续支持学员开启引导实践。

角色隐喻能够发挥作用，这跟每个人在不同场景需要扮演不同的角色，以及不同的人对某一角色的不同认知紧密相关。换句话说，如果每个人只需要扮演一个角色，而且大家对这个角色的理解都是非常明确且有共识的，角色隐喻可能就没有用武之地了。举例来说，在"管理者角色与认知"课程中，关于管理者或某一个层级的管理者应该扮演什么角色，就可以运用角色隐喻的方式进行讲解或引导共创；如果面对的是一些刚晋级的管理者们，则可以让大家根据自己的观察或过往的经历及认知提出角色隐喻，通过阐述、观点震荡及共识，就比较容易获悉大家心目中的管理者的角色；如果面对的是一些有一定经验的管理者们，则可以借助角色隐喻的阐述与对比分析，看出大家做管理的不同体验和功力深浅等。总之，不管对方在角色登山中所处的位置及状态是什么，都可以借助角色隐喻让大家进行总结概括、觉察反思和重新认知。有了角色隐喻的共识之后，后面需要发展什么技能，强化哪些行为就有了基础。

关系隐喻

以下通过"夫妻关系的三个隐喻"案例来介绍何为关系隐喻。

案例：夫妻关系的三个隐喻

夫妻关系是家庭关系的基石，"琴瑟和鸣"的夫妻关系是大家的理想状态，要实现这种状态，我觉得需要经历以下三个阶段。

第一个阶段，君当作磐石，妾当作蒲苇，蒲苇韧如丝，磐石无转移。这个隐喻关系是基于男人和女人不同的特点来的，男人是石头，女人是蒲苇，男人的爱如磐石般厚重而不可动摇，而女人的爱如同蒲苇一般坚韧。这句隐喻中已经透露出了男女平等的关系，与夫唱妇随，女人的幸福需要托付给男人的观点是不同的。

第二个阶段，犀牛与犀牛鸟。犀牛的皮肤虽然坚厚，可是皮肤皱褶之间却又嫩又薄，一些蚊虫便乘虚而入，吸食犀牛的血液。犀牛又痒又痛，可除往自己身上涂泥外，再没有别的好办法。而犀牛鸟正是捕虫的好手，它们成群地落在犀牛背上，不断地啄食着那些企图吸犀牛血的害虫，当然也可能让伤口难以愈合，但是在犀牛的承受范围之内。显然，犀牛和犀牛鸟在一起对彼此都有利，是一种相互依赖、共生的关系。

第三个阶段，风筝与放风筝者。男人像风筝，飞得再高再远，都心系女人，或者说女人都有一种方法牵引着男人；风筝离不开线，正如同男人离不开女人，我们常见离线的风筝经常会东倒西歪地挂在树上或跌落在沟里面；女人欣赏男人的志向，于是让男人肆意飞扬，优秀的女人让男人飞得更高、更稳、更远。

关系隐喻是一位性格外向、喜欢连接的名媛，她认为不断地审视与他人的关系，调整与他人的关系，才能明确自己的所属位置并实现系统的平衡。每个人都不是孤立存在的，与他人的交际让人们处在关系网络中。有意思的是，人们经常遗漏与某些利益相关者的连接或者双方对这段关系的认知有所差异，这也是关系隐喻出现的最佳时机。举例来说，在"跨部门沟通与协作"工作坊中，我们邀请不同的部门员工试着画出与其他部门的交际关系地图，并试着运用一个关系隐喻概念来描述这一部分关系。当各个部门的关系地图呈现出来的时候，我们倾听大家的阐释，就能够清楚在大家心目中其他部门的位置及在所有关系中的权重，并且更有意思的是，我们还能看到不对等的关系隐喻。为什么某个部门对另一个部门的渴求迟迟得不到回复，为什么会出现"热脸贴冷屁股"的现象，不管是哈哈一笑理解释怀，还是脸红、发热、羞愧、自责，浮现关系隐喻有助于我们更加轻松地总结过往的关系模式，看到当下的关系模式的问题，也会给予我们构建未来更优关系的启示与调整想法。

工具隐喻

国内外的各路神仙、奇侠经常具备三种本领或拥有三大神器，一是可以随意变大缩小，不管是喝药、念咒还是借助道具；二是能够随意穿越古今，借助秘籍、坑洞或特殊装置；三是能够转换角色，要么借助药水，要么借助道具，要么借助变化。

这就给人们一个启示，如果有一天我们同时拥有了上述三大本领，我们是否就会有不同的视角呢？我们是否就会掌握更多的信息或有更高层次和更系统的认知呢？我们是否就真正能够做好换位思考或"盗取"创意点子呢？

工具隐喻是一位擅长整合资源且能干的巧妇，不管遇到什么困难，总是能够就地取材地披荆斩棘。隐喻教练®是工具隐喻的高手，50个喻体形象就是隐喻教练®的工具隐喻箱。隐喻的最佳妙处在于，能够打通现实与未来的通道，任何一个人都是一个工兵，都拥有搭建通道的本领。当参与者想不到解决方案的时候，可以抛给他一个热气球的图卡，他就能够站在更高的视角思考当下的问题；当参与者犹豫如何分析造成问题的原因的时候，可以抛给他一个冰山的图卡，他就能够运用冰山模型分析浅层的原因和深层的原因；当参与者犹豫如何在众多的策略中选择的时候，可以抛给他一个灯塔的图卡，他就能够思考哪个策略更能够照亮他人。普通工具是越称手越省力越好用，隐喻工具则是哪怕不称手，也都能用。

2.6 概念隐喻在工作坊设计中的应用

概念隐喻，除能让艰涩的内容生动化和清晰准确地传递复杂信息外，还可以在以下五类工作坊场景种使用。

第一类，定义核心问题

当陈述和呈现了足够多的信息过后，如何理解这些信息所代表的问题呢？或许此时精准地找到问题的本质还是比较困难的，此时就需要用一个隐喻概念来试着把人们所捕获的信息进行一个阶段性的提炼。隐喻概念犹如一个火把深入到山洞里面，有助于人们找到正确的方向。

例如，在问题分析与解决工作坊中，每个人都分享了自己看到的问题的现象和影响，如何才能让大家进一步地找到问题的核心呢？引导师可以试着探询"我们当前最突出的问题到底是什么呢？""看到这些信息，你的第一直觉和感受是什么？""此时你脑海中出现的画面是什么？""如果用一个形容词或成语来总结我们当前的状态，那会是什么呢？"试着跟你小组的伙伴交流，并找到大家都有共识的隐喻概念或画面。

第二类，浮现背后假设

在工作坊中当各方的观点不一致的时候，可以试着让对方探询或主动解读观点背后假设的方式。通过共享假设（类似推论阶梯），人们能看到差异，理解差异，并重新回到对话中来。浮现假设的过程并不是很容易的，尤其对于很多缺乏训练和工具的人来说，此时概念隐喻犹如一把称手的凿冰镐，让人们能够凿开坚硬的冰冻，看到冰雪之下流淌的河流。

例如，在战略共识工作坊中，关于战略这个概念的共识也是很有必要的。引导师可以给出关于战略的前人的描述，也可以让每个小组阐述自己对战略的理解，可以描述战略是什么、不是什么或战略的价值功能或好的战略坏的战略的特征等，这样的共识过程有助于预热战略方向的研讨，也有助于使大家看到战略共识的重要性，还有助于让大家提前设定成果的标准。

第三类，标注观点风向

在研讨过程中，引导师有意无意地把自己的价值观投射到问题解决方向上来，当各方的倾向和导向不同时，参与者要做的是，先觉察解决问题的方向，而不是自顾自地描述具体的策略细节。引导师发现参与者的差异和已经呈现出来的冲突时，有必要让参与者回到"十字路口"，让大家选择隐喻概念去描述此时的状态和倾向策略。为了减少大家提前陈述观点背后的价值观和态度的压力，可以使用概念隐喻，因为概念隐喻可以让表达更真实、更容易和更有调整的空间。

例如，在阿里价值观考核故事的海洋里面，有一个程序员利用自己的技术和规则漏洞获取了抢更多月饼的机会。关于这个问题的界定和处理策略的研讨，就可以采用概念隐喻的方式定义问题（月饼到底代表着什么、不符合规则的抢月饼行为代表着什么），再用隐喻概念让各方比较清晰地表达处理策略（修复抢月饼规则、辞退投机小丑、罚没所有月饼等），再陈述理由。

第四类，贡献新的认知

当工作坊引导师需要介入大家研讨的方向和内容的时候，也可以在被允许的情况下贡献自己的观点和看法。此时，如果直接地表达观点有可能会让参与者产生权威依赖，或者造成出现参与者因观点不同而站队的情况。优秀的工作坊引导师可以用概念隐喻的方式更隐晦地表达出自己的观点与看法，并给予大家理解、接受和选择的空间。

例如，在企业文化共创工作坊中，关于价值观概念与功能的研讨，有助于后续产出更清晰准确的价值观（如果理解不同，提炼价值观的方向可能会跑偏）。面对现场各小组的产出，引导师可以有意地强调某小组关于这个概念的认知与理解（非具体价值观的内容），或者直接贡献"价值观就是导航仪"的概念隐喻（更隐晦的说法是"我听说价值观或许就是企业的导航仪"）。

第五类，整合生动呈现

纯逻辑的信息，只会对喜欢逻辑的人有用。概念隐喻整合了逻辑思维和隐喻思维，可以更好地满足更多参与者的需要。工作坊过程中存在着多次的发散震荡与收敛，利用概念隐喻做阶段性的信息整合并生动呈现出来，有助于输出有价值的观点，促发人们更深地觉察，获取他人的启发并强化人们的记忆。

例如，当人们提及波士顿矩阵模型的时候，很多人可能一下子想不起来矩阵横轴和纵轴的维度，但是提及"现金牛、瘦狗、明星"时就不一样了；当人们提及阿里人才遴选模型时，模型里面的"野狗、小白兔"等隐喻概念会不自觉地让人们盘点身边哪些人符合这些特征；在托马斯·吉尔曼人际关系冲突模型中，可以借助匹配历史人物和转喻形象让模型变得更加生动与亲近，并开始觉察自我过往处理关系时采用的策略和自己当时的状态。

第 3 章

基础隐喻技术 2：框架隐喻

3.1 框架隐喻简介

引子：框架模型的典型价值

模型与框架对人们的工作生活有三个典型的价值与意义。

首先，模型和框架反映着人们的想法的成熟度和对某个事情的理解层次。面对同一个事件，新手看到的总是零碎、分散、个位数的元素；高手则不仅能够快速抓取关键的元素而且能够看到元素之间的关系；而精通者则能够快速将这些元素放入一个思维的筐子或盘子中，并能快速看清各个元素和关系背后的动力和运作机理。人们会发现，工作、生活中那些善于总结、提炼原理的人总是能让人有醍醐灌顶的效果。模型和框架是验证经验的听诊器，有助于人们更快速地拎住重点，从而避免"隔靴搔痒"和"头痛医头，脚痛医脚"地看问题和处理问题。

其次，模型和框架的数量、质量反映人们面对问题和解决问题的效率和质量差异。模型和框架既是对问题的聚焦过程，也是对问题分析和解构的过程，更是框定和收缩解决问题通道的过程。面对一个新问题，你脑海中掌握的模型框架越多，越可能快速地找到突破点和切入点。反之，如果你面对一个问题的时候经常无从下手，则说明你缺乏足够的模型和框架的积累。更多的模型和框架不仅给了人们更多的思维角度，也给人们更多验证的机会。一旦某个模型框架不够用，更多模型与框架间的整合重构就可以帮助人们继续以自信和主导的姿态面对复杂的新问题。

最后，模型和框架的积累与灵活应用反映人们的学习能力。人们看某个人是否足够有潜力胜任新的岗位，不是依据他的学历和经验，也不是基于他在类似工作任务处理时的表现，而是重点看他是否具备最基础也是最关键的学习技能。工作、生活中聪明的人，不是不犯错，而是能够"吃一堑，长一智"，最好能够举一反三，这意味着当过往的模型框架不适用的时候，他能够快速修正和重构新的模型和框架，以应对更复杂的问题。

逻辑框架与隐喻框架的区别与联系

接下来，我给大家呈现三组日常工作生活中经常出现和使用的模型框架示例，请大家试着观察和分析它们之间的区别与联系。

第一组：交集图、矩阵图

交集图的示例：老板与打工人之间的交集可以是自由职业者；矩阵图的示例：态势分析的SWOT图，可以给出四个维度。

第二组：金字塔图、洋葱图

金字塔图的示例：某公司的组织架构是高层在上方，基层在下方，中层居于其中。洋葱图的示例：课程内容成熟度模型，最里面的一圈是课程的假设与定位等，接下来一圈是课程的核心学习要点与模型工具，最外圈是配套的工具表格与话术等。

第三组：冰山图、大树图

冰山图的示例：引导师状态的冰山模型，水上冰山是专业的工具与技能，水下冰山是引导师的中立、相信群体与相信引导的力量等。大树图的示例：关键成功因素大树，树根代表内生性根源，树干代表支柱性资源，树冠代表外在资源。

以上三组模型框架都非常简洁，都具有一定的包容性和封闭性。包容性体现在能够承载多个想法，封闭性体现在一般呈现的想法的数量是有限的。同时，从区别上看，可以发现第一组模型框架的逻辑特征非常明显，而且非常严谨，而第三组虽然也有逻辑特征，但好像并不像第一组那样严格界定，中间的第二组好像扮演了一个过渡者的角色，既有很强的逻辑边界和结构关系，在呈现形式上又与人们日常生活中的一些图形意向很接近。你更喜欢使用哪一组模型框架呢？这个问题的答案背后可以反映人们的思维习惯。如果你是一个偏向左脑逻辑的咨询顾问，你可能会选择第一组；如果你还需要在此基础上加强一些职场的视觉呈现效果，你可能会选择第二组；而如果你是一个偏向右脑感性的教育工作者，你可能会喜欢第三组，因为第三组看起来非常有生命活力。接下来，做两极化研究，将所有可视化模型框架分为两大类，一大类是逻辑框架，另一大类是隐喻框架。

备注：*梅耶2007年在其论文《心理象形文字：以病人草图为核心的心理动力学》中将可视化图形分为逻辑（概念）简图、隐喻简图和造型（关系）简图。*

类似交集图，以理性分析判断为基础，有助于人们进行区分，归纳总结提炼的模型或框架，简称为逻辑模型或逻辑框架；类似冰山模型，以冰山本身的特征为基础，再在此基础上对信息和想法进行厘清和分布的，简称为隐喻模型或隐喻框架。相比较而言，可以发现使用逻辑模型处理信息更加干脆果断，呈现后的想法也更加清晰明确，由此能够满足人们不断提高时间与工作效率的需要；使用隐喻框架处理信息更加视觉化，更容易让人产生联系，呈现后的想法尽管有时候看起来有些模糊，但是更加容易记忆和理解，特别适合那些不要高精准区分和需要更图像化呈现的场景。另外，还可以发现，相比较逻辑模型，隐喻框架还兼具逻辑特征，隐喻图像背后的结构特征往往会给人们更新的视角和更多的启发。由此，当人们在选择逻辑模型无法达成共识的情况下，隐喻框架似乎更加容易让人们达成共识。

可以说，隐喻框架以一定的结构逻辑和关系逻辑作为基础，同时又呈现灵活多变的特性。对绝大部分的职场人士来说，对于逻辑框架模型已经接触太多太久了，很多人都变成了一个行走的大脑袋（《三脑教练》中指出人类有头脑、心脑和腹脑三个大脑），头脑过于强大，让人们的生活工作充满了矛盾、争议、纠结和评判，大多数人也已经厌烦了无休止的说教和习惯性的抗争，人们的大脑也需要休息和空间……与此同时，充满了隐喻效果和价值的框架模型，似乎并没有引发大家更进一步的研究和刻意使用，接下来将探究一下这些有趣有料的隐喻框架，看能否从中挖掘出更多让人惊喜的规律与应用技巧，以帮助人们应对过往逻辑框架始终不能解决的一些顽疾。

3.2 框架隐喻的概念、应用场景、操作原理与过程

框架隐喻的概念

框架隐喻，是一种将想法进行结构化处理的常用工具，是借助隐喻载体或图像生成想法、包容想法和呈现想法关系的框架工具。

人们在看《葫芦娃》动画片的时候，就会发现葫芦兄弟们在一条藤上的时候是一条心的一家人，而离开藤后，每个人都因为有自己的本领和看法而显得力量分散，只有当他们齐心协力进入莲花宝座时，力量才能重新凝聚起来。藤和莲花宝座就是一个框架隐喻中的框架。

由此，在框架隐喻中，所有想法都可以被临时放入一个或多个新的容器中，想法因有容器承载而结构清晰，容器因有想法注入而丰富鲜活。例如，葫芦娃七兄弟既可以挂在一条葫芦藤上，又可以坐在莲花座上，还可以化作压住坏人的大山。

框架隐喻的应用场景

场景一：呈现想法后发现结构逻辑不强，核心模型的视觉冲击力不足。

例如，隐喻引导术的核心模型是一张散射图，中央是隐喻引导术，四周分别是晦涩内容生动化、繁杂内容结构化、单调流程旅程化、教学活动创新化和教练对话神奇化。这张图片反映了一个核心的逻辑，也就是四周的五个点是由中心散射出去的，而且四周的五个点是相互独立的关系。引导者可以让这个静态的逻辑框架生动起来，可以让它变成一个静态的隐喻画面如紫荆花的花瓣，或者变成一个动态的隐喻画面如小时候我们经常玩的手风车。

场景二：产出想法时发现缺乏思考维度，想激发对方产出更多、更全想法。

一般来说，当提问不够明确具体时，得到的想法往往也不够明确具体。例如，我们问"如何才能成为一名引导师呢？"这个提问会带来很多想法，而且想法很可能是发散的。此时，我们可以进行适度的逻辑框定，于是这个问句变成：从职业技能、学习路径和态度要求三个维度来看，如何才能成为一名引导师？在此基础之上，还可以把框定的逻辑维度进行隐喻化处理，于是这个问句又变成：如果引导师是一棵大树，那么树根、树干、树叶分别代表哪些技能或素质要求？

场景三：收集想法后发现想法又杂又乱，而且想法之间的关系不明且很难归类。

如果你有常用的逻辑模型或框架工具，就会发现又杂又乱的想法很容易被归类，如用洋葱模型梳理课程的知识点。但是有些时候你会发现有些想法很难用一个逻辑框架进行归类，如某单位的企业文化价值观的核心词语收集起来是如团队、创新、务实、服务、精益求精和变革等词汇，这时很难用其中的一个词语概括或包含另一个词语，甚至都很难区分优先级别，此时必须借助一个隐喻框架进行归类。

场景四：学员理解模型费时费力，引导师想重新构建模型。

引导师在构建有些模型时主要考虑的是其核心逻辑及相互关系，这在严谨的同时，也容易让其变得让人费解或难以记忆，此时，为了理解和应用的需要，引导师有必要让大家形成自己的隐喻框架。例如，关于引导师状态冰山模型，在水上冰山中包含了专业灵活的技能，在水下冰山中包含了如实观察、同理倾听、个人临场、恪守中立、相信引导五个层次。一般来说，在课程的最后，我会让大家形成自己的引导师冰山模型或其他模型框架。

框架隐喻的操作原理与过程

在框架隐喻强大的背后是隐喻建构认知和反哺认知的两大基础功能在发挥作用，当本体头脑混乱不清的时候，喻体本身自带的结构关系与特征，犹如一剂镇静剂，让本体一下平静下来；冷静下来的本体，开始仿照喻体的构造，参照一定的标准，梳理各种关系，做好基础归类，并最终建构一个相对稳定的体系。

由此，在使用框架隐喻的时候，首先选择一个合适的喻体；其次将喻体当作一个有棱有角又有一定灵活度的模具，将本体打散填充进喻体的模具里面；最后，再根据本体的材质特征和喻体模具的特点进行调整完善。这个过程像极了在农村建造土坯房子，制作土坯的过程，跟小孩子们拿着各种道具在海边玩沙子建造城堡的过程类似。

了解了框架隐喻背后的作用原理和操作过程，就会发现，喻体框架的选择至关重要，合适的喻体应该简单顺手，并拥有强大的通用性，而不恰当的喻体则会让人觉得别扭和费劲儿。

3.3 20个常用的隐喻框架

基于框架隐喻的特征和价值，结合我咨询顾问、培训师和职业引导师的经历，我选择了适合专业人士和职场人士的20个隐喻框架。这20个隐喻框架模型在整体上符合四个特点：一是普适性，也就是一提及大多数人都知道，都能理解甚至都在用；二是有一定的封闭性，封闭性的结构有助于更短时间内聚焦和承载想法；三是多为静态的隐喻图像，如此更有稳定性，更方便学习者理解和使用；四是结构简单，容易理解和应用，大多数都是将想法一分为二或一分为三，如此方便大家记忆和使用。像矩阵模型、交集图、钻石菱形、散射图、鱼骨图、平衡轮等模型，因为无法同时满足以上的四个特点而没有在此提及（有些则成为一些模型的变形模型）。相信大家之前都或多或少体验或应用过其中的模型，在此换一个新的视角重新认识它们（大多数也可作为静态隐喻工具存在），理解它们背后的强大缘由和隐喻原理，以在未来的工作生活中应用起来更加得心应手。

1. 冰山模型

（1）模型的基本特点及延伸。

冰山由两个部分组成，水上冰山和水下冰山，由此可以延伸出可见和不可见、表象特征和隐藏特征等。对于一座冰山来说，水下冰山占比更大，由此可以延伸为水下冰山的部分更加重要，影响力更大。水上冰山和水下冰山的部分可以继续分层，由此将事物一分为二的做法可以根据需要变为一分为三（水上冰山占一部分、水下冰山占两部分）或者一分为五（水上冰山占两部分、水下冰山占三部分）等。

（2）冰山模型的应用示例。

引导师冰山模型，反映了引导师的综合胜任素质，不仅包含了水上冰山可见的一些专业引导行为，更包含了水下冰山的中立的引导师素质，而且引导师状态直接决定了引导行为的现场表现。

（3）冰山模型的应用注意事项。

水上冰山与水下冰山的部分应有明显的区分和明确的界定，同时最好可以呈现上下对应的关联关系，如针对引导师的中立，在水上冰山中可能是不显露观点和倾向，在水下冰山中是对各种观点都尊重和接纳。

（4）冰山模型的变形。

基于冰山的常识和形态，可以有两座连接的冰山，中间是连接的山洞；也可以在水上冰山上增加一个天空，呈现海陆空的三种态势；还可以把冰山搬到陆地上，呈现山顶、山脚和深渊的三种态势。

2. 大山模型（金字塔）

（1）模型的基本特点及延伸。

一般整体上呈现山顶、山腰和山基三个层次和部分。山顶寓意高度和难度，山腰寓意承上启下，山脚寓意起点和基础。整体形态自下往上逐渐收紧，呈现山或金字塔的造型。

（2）大山模型的应用示例。

大山模型可以用来寓意公司的组织结构，高层人员位于山顶，中层人员位于山腰，基层人员位于山脚（相比较而言，金字塔这个框架僵硬。缺乏活力，而大山不仅彰显生命活力，而且寓意山脚、山腰和山顶之间连同走动的可能性）。除此之外，我们还常用大山模型作为信息决策的框架和容器（也叫证据金字塔），按照焦点讨论法（聚焦式会话法）的整体结构逻辑（基于事实和感受进行分析决策），底层填充事实、信息与数据，中间层填充分析、判断和决策，最上层填充我们近期要开展的一些行动决定。

（3）大山模型的应用注意事项。

山顶、山腰和山基的物理位置不同，风景不同，由此可以进行不同位置的对比；同时，还可以更换视角，从山顶看山腰、从山腰看山顶，视野开阔后会使看到的风景、观点和想法不同。

（4）大山模型的变形。

大山模型作为背景框架可以有三种变形方式。一是选择一座大山，或者连绵起伏的群山，前者更加聚焦和清晰，后者可以呈现连续的变化过程；二是借助大山不同形态与不同季节的变化，让大山模型变得更加亲切和生动。例如，可以选择泰山作为大山的框架，也可以选择喜马拉雅山作为大山的框架，还可以选择一座金山或火山作为框架；三是增加大山的细节。例如，增加更多的登山路径，增设更多的景点或关卡，或者依据实际的需要，在山顶之上再设计一个层次如一面旗帜或一座塔。

例如，关于引导的规律®系列课程，2015年年初只有引导魔法箱®（魔力工具箱®）一个课程，2016年有了三个模块，引导魔法箱®处在山脚的位置，工作坊设计©处在山腰的位置，引导师状态®处在山顶的位置，后来又有了隐喻引导术©。我就在山顶之上放置了一座塔，以代表隐喻引导术©课程对引导的规律®课程体系和我个人的突出意义（推动引导技术在中国的创新与发展是引导规律研究院的使命）。另外，大山模型可以变形为动态的登山流程（具体参见流程隐喻章节）。

3. 大树模型（鱼骨图）

（1）模型的基本特点及延伸。

大树模型分为树根、树干和树冠三个部分，有时树冠部分还用果实来替代。基于大树的生物原理，人们很容易得知树根寓意着营养的根源、树干寓意着中间的支撑和传导、树冠寓意着成果和表现。

（2）大树模型的应用示例。

我经常将大树模型用在组织成功要素和价值观萃取上，用以梳理和区分不同的成功要素或价值观词条。

（3）大树模型的应用注意事项。

基于大树的造型，一般从树根到树干到树冠，相关的想法数量也由少及多；同时，树根部分的想法可以逐条地进行延伸，如鼓励创新为树根，树干则可以为允许失败，树冠部分则为褒奖创新。

（4）大树模型的变形。

类似大山模型的变形，也可以更换不同的树种，以方便呈现结构和承载想法。例如，果树更有助于人们承载更多的成果产出，松树让想法层次感更强，而竹子适用于具体想法的层次边界并不特别清晰的情况。我们也经常用问题树来问题分析，类似的还有鱼骨图。

4. 果实模型（洋葱图/涟漪图）

（1）模型的基本特点及延伸。

从内至外，果实一般都可以分为果核、果肉和果皮三个层次。果核最小，果肉最多，果皮全面包裹，可以分别寓意内生的力量、生长的力量和保护的力量，或者种子层、营养层、吸收层。

（2）果实模型的应用示例。

如同大树模型一般，我们用三个层次去探询组织的文化，果核代表着让组织基业长青的基因，果肉代表着让组织发展壮大的文化力量，果皮部分代表着让组织发光、香气弥漫的文化要素。

（3）果实模型的应用注意事项。

果肉和果皮可以有不同的隐喻含义，建议提前明确果肉和果皮各部分代表的含义并与果核的含义连贯起来，这样有助于更快速地厘清和归类想法。

（4）果实模型的变形。

我们常用洋葱模型分析一个人的胜任素质，也会用黄金圈法则（Why-How-What）来宣传营销，也会用涟漪模型（地震模型）来表达一项行动带来的逐层的影响和变化。

5. 房屋模型（汉堡图）

（1）模型的基本特点及延伸。

平面的房屋模型整体由房顶、支柱和底座三个部分组成。房顶一般代表外显可见的部分，支柱代表支撑房顶的力量，底座代表稳固的基础。根据需要房顶和底座都可以呈现多个层次，支柱的数量根据需要来定。

（2）房屋模型的应用示例。

我们可以用房屋模型来显示职业引导师的核心素质，房顶的位置代表带领团队拿到可用的成果产出，个体与组织被激活；下面由四根柱子支撑，分别是设计激发参与、带领流程、凝聚共识、管理冲突；底座部分由专业常识和引导师职业道德组成。

（3）房屋模型的应用注意事项。

呈现房屋模型时，尽量符合房屋的基本构架常识。例如，房顶多为三角形布局，底座为梯形布局；房顶不能承载太多，柱子数量不应少于两根且多为偶数，底座的数量一般不少于房顶的数量；同时，基于房屋的特征，三个部分尽量有一定的区分，避免出现一些让人匪夷所思的想法归类。

（4）房屋模型的变形。

房屋模型可以变形为大树模型，也可以在三个部分基础上增加大地、窗口、避雷针等层次和设计，以满足需要。另外，房屋的上、中、下三层结构也可以简化为夹心饼干或汉堡的造型。

6. 飞机模型（鹰隼/火箭）

（1）模型的基本特点及延伸。

飞机由机翼、机身、尾翼、起落装置和动力装置五个部分组成。我们最常使用"一体两翼"这个隐喻来形容三个公司业务和产品之间的关系。在此基础上，如果还有更多的业务方向和产品，还可以尝试放置在飞机的其他位置上。例如，有的产品业务放到尾翼位置起到平衡和矫正的作用，放在动力装置位置代表它是推动所有产品的基础产品，放在起落架位置代表它是确保所有产品起飞和落地的关键一环。

（2）飞机模型的应用示例。

我们用飞机模型来重新解构下引导师的核心素质。我们可以用机身来代表引导师的现场状态（包括中立、觉察与灵活应对），左翼是各种引导工具方法，右翼是引导流程与逻辑设计，尾翼是场域调控，起落装置是与客户的协作，动力装置是引导原理与规律的把握。比起引导师胜任素质的冰山模型，引导师飞机模型更能够厘清各项素质之间的协作关系，各项素质的功能与价值也得以更加显著地展现。

（3）飞机模型的应用注意事项。

飞机模型各个组成部分可以简化（机头、机身、机翼、机尾），也可以更完整呈现（如特别点出驾驶舱的位置），也可以利用框架隐喻的特征，发掘新的内容，如有了一体两翼后，还可以增加三支架、三动力等。

（4）飞机模型的变形。

飞机的造型来源于鸟类，可以依据的鸟类或飞机的不同功能进行变形，例如，增加螺旋桨，变形为鹰隼、飞鱼、直升机、航天飞机等。另外，简化飞机模型，突出推进系统、主体和载荷系统，则飞机模型可以变形为火箭，也常用来表达推进、承载和目标关系。

7. 帆船模型（轮船）

（1）模型的基本特点及延伸。

帆船分为远航型和竞技型，我们这里所说的帆船模型重点指向结构更加简单的竞技型帆船。帆船一般由船体、帆、桅杆、缆绳、船舵等部分构成。船体可以承载物品，帆借势风力，加持船只更加快速地移动，桅杆起到骨架和支撑帆布的作用，缆绳也用以稳固帆布与船体，船舵用以控制方向。帆船既可以顺风行驶，也可以侧风行驶和顶风行驶。有逆风航行能力的船，若要往逆风方向前进，必须采取Z形的路线才能到达目的地。

（2）帆船模型的应用示例。

以我个人提供的产品服务为例，引导技术类公开课就如同我的船帆，桅杆是引导的规律®四模块课程，船体上承载的是面向企业的各类主题工作坊，船舵由三个部分组成，分别是引导让更多组织看到新的积极变化（我个人的使命）、推动引导技术创新和发展（引导规律研究院的使命）及让你我更美好（诸子+社群的使命）。尤其在2015年刚开始的时候，我发现本来想做更多的纯引导类型的工作坊，结果无法直接到达，只能借助公开课的方式传播引导的力量和培养引导的市场，逐渐地，公开课和内训服务开始相互牵引。

（3）帆船模型的应用注意事项。

依据需要帆船可以为单帆，也可以为双帆；更多的帆可以承载更多的动力资源，也可以呈现更多的成果。有时候，我们还会构造更大的画面，如帆船、海绵、远山这个场景，以容纳更多的想法。

（4）帆船模型的变形。

木舟和皮划艇是没有风帆的船，双桨可为动力；轮船、潜水艇、航空母舰则是帆船的升级版本。

8. 汽车模型（马车）

（1）模型的基本特点及延伸。

简易的汽车模型一般包含车头、车厢、车轮和引擎四个部分。车头代表着大脑和方向，车厢代表着承载的货物或想法，车轮代表着动力传递，引擎代表着核心动力和源头所在。古代的马车也有类似的组成和功能，差异只在是四轮驱动还是两轮驱动。

（2）汽车模型的应用示例。

有时候我会用汽车模型来介绍引导，我认为引导就是选择好路线将货物送达目的地的过程。其中，车厢部分承载的是真实问题，前轮代表团队动力、后轮代表个体参与，车头指向发起人和参与者最终想要达到的方向，直面问题的勇气、解决问题的责任感和挑战现状的激情是团队群策群力的动力源泉。

（3）汽车模型的应用注意事项。

我们在使用汽车模型的时候可以根据需要更换汽车的类型，如四轮马车、公交车、跑车、拖车、厢式货车、火车、独轮车等。更换目的是更准确地呈现本体的核心特征和本体各部分之间的关系，以及拉近本体与喻体之间的关系，只是要注意尽量确保受众对汽车的构造有起码的认识和了解。有时候，为了传递更多的信息，我们还会把不同的跑道环境和赛制规则加入进来，如我们会比较跑车在专业赛道和在戈壁上的差异表现，会比较马车夫与乘客的关系与公交车司机与乘客的微妙差别等。

（4）汽车模型的变形。

独轮车、四轮马车、火车等与普通汽车的差别更多地在动力系统上；两栖的飞行汽车是飞机和汽车的结合体，我们得到的启示是可以有更多的想法承载、更多样的生存环境。

9. 人体模型

（1）模型的基本特点及延伸。

人体模型一般由头部、躯干、四肢三个主要部分组成，其中在躯干部分会根据需要特别标注出心脏和腹部的位置，这是为了分别强情绪调感受和行动勇气的部分，可以参照《三脑教练》这本书。在四肢部分，我们常会让左手右手、左腿右腿分别代表一个想法，以让人体承载更多的想法。在头部，我们也会特别标注出眼睛、鼻子、嘴巴、耳朵等所分别隐含的功能。偶尔我们还会在三个主体部分基础上增加脖子这个有连接功能的部分。

（2）人体模型的应用示例。

有时候我会用人体模型来串联引导师的综合素质。头部代表清醒的角色意识，上肢代表对引导流程和引导工具的熟悉，下肢代表对群体智慧和参与动力的掌控，心脏部分代表对参与者的热爱，腹部代表对自我和引导的无限信任。于是，一个优秀的引导师就在我们面前栩栩如生了。

（3）人体模型的应用注意事项。

刚开始我们一般只会关注到人体的三四个核心部分，逐渐地，为了丰富和刻画细节，就会借由喻体的各个部分所能连接关联更多的本体特征，此时，我们就会对本体有更多的认识和理解；同时，也尽量注意，避免过于复杂和牵强附会。

（4）人体模型的变形。

人体模型的底板既可以是成人，也可以是儿童；既可以是男性，也可以是女性；既可以是卡通人物，也可以是神话人物。例如，如果我们用哆啦A梦作为底板，则他的小口袋也会表现出神奇的魔力；如果我们用孙悟空作为底板，则他的头顶的紧箍圈和手上的金箍棒也成为整体隐喻框架的一部分。同时，我们还可以选择用人体的某些器官单独构建一个逻辑框架和隐喻框架，如五官共情图（也称移情图或同理心地图），就是选择从所见、所闻、所言、所听、所感五个角度收集信息或换位思考；五指共识图，就是用手指的数量反映参会者对会议决议的认同程度（一般手指的数量越多代表共识度越高）。

10. 圆规模型

（1）模型的基本特点及延伸。

圆规模型由最上端的转轴、作为支点的支撑腿、承载笔头的转动腿和中间连接轴组成。顶端的转轴联合两条腿为自己服务，就像人的大脑；支撑腿是支点，一旦支点不稳，则没法画圆；连接轴的伸缩直接确定了所绘制圆的半径。圆规的造型很像人体模型，一只工作的圆规就像一个灵动的舞者。

（2）圆规模型的应用示例。

有时候我发现圆规的工作过程就是人们认知的过程，当我选择了引导技术这个支点后，刚开始只能看到引导技术，当逐渐放松下来，让引导与外界做更多的连接时，认知的半径逐渐扩展，而我关于引导技术的认知疆域也在扩展；当对引导技术的探索到了一定程度后，如果我更换一个支点，如移动到隐喻这个支点上，再绘制，就会发现隐喻与原先的引导之间的重叠部分……这就是隐喻引导术。

（3）圆规模型的应用注意事项。

我们在使用圆规的时候，还会发现圆的半径越大，圆规越不稳定，支撑腿与转动腿之间的关系更不稳定；圆的半径越小，圆的痕迹越明显……小圆规只能画出小圆，更大的圆规才能绘制出更大的圆……于是，我们会发现，当我们对隐喻框架越熟悉的时候，就可以据此对本体有更多视角的探索和发掘。

（4）圆规模型的变形。

如果我们给圆规更多的转动腿，如果固定转动的半径，我们就会发现一个圆规就变成了类似雨伞、旋转木马和八爪鱼的造型，围绕着中心，外面转动的部分就不仅可以承载想法，还可让中心不再孤单。

11. 梯子模型（路轨）

（1）模型的基本特点及延伸。

梯子是帮助我们爬升的工具，常见的有H形梯和人形梯，也可以分为硬梯和软梯。梯子左右两边对称并借助中间的连接物保持平衡，就如同天平一般。由此，我们可以延伸出"只有一条腿是不够平衡的，两条腿才能走得久远"的想法。

（2）梯子模型的应用示例。

一个优秀的引导师光靠专业的引导技能是不够的，还需要具备引导师状态。引导技能与引导师状态就如同梯子的左右结构，中间连接的是引导师的角色与使命。梯子模型也用来呈现逻辑流程和隐喻流程的关系。逻辑流程与隐喻流程依靠人们的认知习惯和规律进行连接，最终交汇。

（3）梯子模型的应用注意事项。

只要有A点和B点，我们都可以设计一个梯子放在中间，不管这个梯子有多长。不同类型的梯子可以有不尽相同的隐喻含义，H形梯子一般寓意左右均衡且不同，人形梯意味着左右终会交汇，软梯寓意左右呈软性结构而中间的连接物成为主体。

（4）梯子模型的变形。

梯子横放则可以演变为兼具连接和承载功能的路径和桥梁。例如，古代的引水装置和现代铁轨是梯子结构增加了承载与传导功能的变形。

12. 山谷模型（桥型图）

（1）模型的基本特点及延伸。

山谷整体上呈U形布局，左边为山，右边为山，中间为谷。要想从山这边到山那边，有很多路径可实现，如可以搭建桥梁、借助热气球、借助山谷来实现。山谷模型寓意左右两边的想法由山谷连接方可通达，山谷是推动不同想法变幻的神秘地带；也可以寓意不同想法之间借助更底层的逻辑假设进行连接。

（2）山谷模型的应用示例。

当人们需要达成共识的时候，如果表面看起来大家的观点、想法迥异，则需要人们探询更深层次的原因，需要人们到谷底看一看、静一静，要让大家看到两边生态的差异，看到差异变化的过程和细节。

（3）山谷模型的应用注意事项。

如果选择下潜到山谷，也就意味着人们暂时放弃了其他构建连接的路径。思考"到山谷去，我们可以做些什么，希望看到些什么，希望研讨些什么话题"有助于人们实现突破，更有助于人们到达彼岸，这是设计者和使用者需要注意的。

（4）山谷模型的变形。

山谷模型一般有三种变形。一是增加山谷生态的细节。例如，给山谷加一个蓄水池，两边山上的水就会因为重力作用和虹吸效应流进山谷，积攒起来就是一个湖（寓意人们的资源）；例如，给山谷一个出口，就可以产生一条流淌的河（寓意人们的新方向）。二是在山谷造型基础上做延伸和发展。如果通过一个U形山谷不能完全完成任务，则可以将U形的山谷模型变成此起彼伏的W形山谷。人们按照W形思考，每次向下俯冲的过程既是一次冒险的过程，也是力量积蓄的过程，都是为了冲向新的高度。三是将山谷的U形倒置过来，变成拱形桥或彩虹桥的造型，桥的左端可以指代现状，桥的右端指代人们的目标，中间的拱桥指代人们的连接资源与实现路径等。

13. 漏斗模型（沙漏）

（1）模型的基本特点及延伸。

漏斗主要由三部分构成。一是入口位置，在这个位置上预备或填装物料，代表资源；二是漏斗本身，代表过滤和筛选的过程；三是出口位置，也就是漏斗的低端，代表最终沉淀和确定的东西。其中第二部分，既可以是层层缩减的阶梯式设计，也可以是狭窄通道设计，前者可以逐级分层。漏斗作为一个管道，将输入的元素变成价值更高的成果产出。

（2）漏斗模型的应用示例。

漏斗模型可以应用在想法的收敛环节，通过一层一层的标准，最初的30

个想法逐级被筛选成10个想法、5个想法、3个想法和1个想法。

（3）漏斗模型的应用注意事项。

漏斗模型的设计标准可以唯一，同时限定各层级的想法数量，确保逐级减少；也可以设置多层级的筛选标准，一般建议不要超过三个层级（标准不超过三个），不然会过于复杂；同时，依据漏斗层层收紧的设计，筛选标准也最好逐层严苛，也就是说越是靠近漏斗出口的位置，标准的颗粒度越精细。

（4）漏斗模型的变形。

漏斗下端可以增加一个过滤装置，以让物质发生物理的变化。漏斗模型可以变形为神奇的沙漏模型，上端的沙子经过中间的特殊处理，变成另一种物质。

14. 热气球模型（雨伞）

（1）模型的基本特点及延伸。

热气球的基本原理是热胀冷缩。当空气受热膨胀后，比重会变轻而向上升起。热气球常常隐喻梦想和飞行。作为框架隐喻模型的热气球主要由球囊、吊篮和加热装置组成。气球状的球囊负责容纳和包裹比空气更轻的加热气体，吊篮用于承载人和其他物体，加热装置确保球囊内的气体更轻（风是动力）。在热气球的原理和组成基础上，人们可以让球囊部分代表各种大胆的想法，吊篮部分代表约束限制条件，加热装置代表突破约束的关键力量；也可以让球囊部分代表拉升的力量，吊篮代表承载物，加热装置代表内部关键的瓶颈资源。

（2）热气球模型的应用示例。

人们可以将热气球模型用于头脑风暴环节收集想法，吊篮部分代表着需要疯狂、有创意的主题，球囊部分代表回应主题的各种疯狂、大胆的创意和点子，加热装置代表着让想法落地的关键资源。如果缺失加热装置则想法就会飘在天上。

（3）热气球模型的应用注意事项。

热气球的球体面通常五颜六色，寓意可以承载更多不同的想法。热气球的加热装置与球囊和吊篮都是通过绳子连接的，这个贯穿设计也可以作为思维的方向承载不同维度的想法。另外，风是热气球的动力，也可以思考哪些因素会推动热气球飞行。

（4）热气球模型的变形。

如果将热气球的加热装置去掉，则热气球的造型与雨伞的造型类似。伞常用于隐喻安全和庇护，伞面也可以承载对外的各项产品和服务，伞的支撑骨架是产品的方向和维度，而伞骨和伞柄则可以是公司的使命和价值观等。

15. 跷跷板模型（天平）

（1）模型的基本特点及延伸。

跷跷板由一块木板和中间的一个支柱（点）组成，木板的两端分别可以坐一个人；依靠两端重量的大小变化，木板上下起伏。而当两端的重量和力量一致时，两端就显示出平衡和静止的状态。这样的基本构造可以帮助人们权衡比较两个想法之间的重要程度和力量等，而处于中位点的支柱则可以作为衡量维度。

（2）跷跷板模型的应用示例。

我会将跷跷板模型隐喻为引导式培训，左边培训，右边引导，中间的支柱是内输出量指标。引导式培训包括了三种状态和表现，根据需要有时候培训多一点（左端下去），有时候引导多一点（右端下去），有时候左右两端呈现平衡均等，其背后反映的是引导与培训的相通相连与异曲同工。

（3）跷跷板模型的应用注意事项。

跷跷板左端和右端在同一个维度时才可以衡量两者的关系，如果不属于同一个维度，则需要找到能够同时承载两者的更广阔的土壤；同时，左端和右端可以承载更多数量的想法和物体。

（4）跷跷板模型的变形。

天平的原理与跷跷板的原理相同，跷跷板的动态平衡让其富有更多的应用场景。天平的平衡，可以隐喻生理健康平衡、情感账户平衡、社交关系平衡和道德压力平衡（来自《隐喻营销》作者的观点）。

16. 波浪模型

（1）模型的基本特点及延伸。

如果给此起彼伏的波浪拍一张照片，人们则能看到它有蓄势兴起的部分，有波浪向上爬升的部分，有波浪到达顶峰的部分，有波浪下降宣泄的部分，甚至还可以看到波浪背面向后旋转的部分等。波浪的各个断面揭示了一个波浪的生命周期，寓意事物发展变化的不同阶段。

（2）波浪模型的应用示例。

在呈现和分析组织现状的工具中，除大家熟悉的SWOT模型外，还有引导师常用的波浪分析这个团队共创模型，它的主要组成部分包括兴起、冲刺、巅峰、暗流和旋涡五个阶段。不管组织处在哪个生命周期阶段，都可以给组织的当下拍一张波浪照片。借助波浪的形态和框架，人们可以看看在这个组织中哪些事件正在兴起萌芽，哪些事件正在努力冲刺发展，哪些事件已经发展到顶峰的状态；同时还可以寻找哪些事件正处在纠缠和停滞阶段，这些事件花费了人们很多的时间和精力但是一直没有找到新的头绪和突破点。

另外，人们还可以看到组织中有一部分消减自己前进的力量，正如同暗流一般隐藏着组织中，对于这些事件和元素自己平时很少注意，但是很明显它们都很危险，甚至会让自己的事业走向失败。相比较于SWOT模型，波浪分析的现场视觉共创和视觉隐喻的效果更佳，尤其暗流和旋涡两个部分让现场的参与者以新的视角看待组织的现状，往往会给发起人很大的冲击或共鸣。团队共创是波浪分析的底层引导技术，同时波浪分析分析隐含了生命周期理论和隐喻引导术。

（3）波浪模型的应用注意事项。

应用波浪模型的前提和基础是假定组织发展形似波浪发展，波浪的基本形态和组成部分已经框定了组织发展现状的分析维度。由此，人们可以有两种方式来理解和应用波浪模型。一是增加与波浪相关的景象，如沙滩、风暴、海鸥、冲浪者，让他们代表更多视角的隐喻含义；二是除在波浪的五个组成部分基础上增加更多的阶段外（如归于平静），将组织发展的形势进行切段和重新划分，如过去、现在和未来，在不同的阶段和事件中使用波浪模型。

（4）其他提示。

基于波浪模型的背后原理，可以发现人的职业生涯发展阶段也可以重新用波浪模型进行套设。你一旦选择了某一个隐喻框架，总是能够给你一些新的反思、启示和发现。如果可以选择使用两三个模型针对同一个事件进行处理和分析，就会看到更大、更全、更细的事实的全貌。例如，可以选择使用平面镜、放大镜、显微镜、望远镜和哈哈镜五种镜子看待自己关注的事物，或者选择当事人视角、同事视角、上级视角、老板视角和客户视角，还可以选择给组织拍五张特殊时刻的照片：创业期、发展期、成功期、纠结期和新的突破期来看待自己关注的事物。更多内容请查看隐喻流程部分。

17. 交通灯模型

（1）模型的基本特点及延伸。

最常见的交通灯一般是红绿灯。红灯代表停止，可以延伸为停止某项工作；绿灯代表通行，可以延伸为开启某项工作；黄灯代表警示，可以延伸为中止某项工作。

（2）交通灯模型的应用示例。

在行动计划阶段，可以用交通灯模型来收敛想法，将所有的行动转为方向更加明确的需要停止的行为、需要新启动的行为和需要立即暂停的行为；在复盘过往的工作阶段中，也可以回顾总结过去一段时间都开展了哪些新工作，停止了哪些旧工作，还有哪些工作处在停止的状态。

（3）交通灯模型的应用注意事项。

交通灯模型把所有事项放在了一个十字路口，确定方向是需要立即做出的决定。由此，如果还没有到做决议的环节，不建议提前使用红绿灯模型。

（4）交通灯模型的变形。

在确定了三个方向后，如果某一项工作特别多，还可以进一步用其他交通指示信息进行处理。例如，新开展的工作比较多，则可以为这些想法标注三个速度，15码步行推进，60码快速推进，90码高速推进，或者将想法放置在自行车、电动车和汽车三种交通工具上。在视觉呈现上，交通灯也可以更换为交警的不同手势。

18. 弓箭模型

（1）模型的基本特点及延伸。

传统弓箭由弓臂、弓弦和箭组成，其中的箭又由箭头、箭杆和箭羽组成。一般意义上，弓弦拉得越满，则箭射得越远，这时弓臂的拉伸压力也越大。弓箭模型经常匹配目标靶一同出现，要准确地射中靶心，不仅需要瞄准，也要气力和技巧。

（2）弓箭模型的应用示例。

工作坊行进路线图包含了焦点目标、内容目标和体验目标三个目标，三个目标从起始点到终结点的过程就是工作坊的行进路线（具体参见《基于引导技术的工作坊设计》一书）。我用弓箭模型来隐喻一场工作坊中焦点目标（发起人的诉求）和体验目标（参与者的诉求）的合作关系。焦点目标好似箭所指的目标靶，体验目标好似弓箭的弦，弦不给力，即使瞄得再准，箭头可能也射不到靶子上；同时，弓弦再给力，即使箭头射得再远，如果没有瞄准焦点目标也不算成功。

（3）弓箭模型的应用注意事项。

箭体代表要推送的想法，既可以是一根，也可以是两根、三根（三箭齐发），只要看上去合理即可。同样可以适度增加弓弦、弓臂，但是目标靶一般只有一个。在弓箭模型中一般不需要出现拉弓人。

（4）弓箭模型的变形。

弓箭是冷兵器时代的产物，类似的还有抛石机，而进化到热兵器时代，就有了各种枪支，甚至大炮。如果受众刚好懂军事器械，不妨将之前的模型更换为大家更熟悉的。

19. 莲花生态模型

（1）模型的基本特点及延伸。

莲花生态体系包含了莲藕、莲叶、莲花和莲蓬。莲叶衬托莲花，莲花吐出莲蓬，莲藕承载莲花与莲叶，构成了一幅美丽的生态景象。

（2）莲花生态模型的应用示例。

最近我在试着用莲花生态模型来架构我的引导技术产品和服务，我发现大家最关注莲花部分，在此部分的体验好、实战性高、口碑好。莲叶部分是我给予伙伴们的长期的社群服务和辅导支持，这是我跟很多老师不同的地方，它让莲花部分更加鲜艳夺目。莲蓬部分代表了我为各类组织提供的引导技术内训和工作坊服务，营养健康、清凉可口、轻松摘取、百吃不厌。莲藕深埋在淤泥中，承载以上的产品和服务，是我对引导技术的价值研究和应用创新。莲藕部分的设计决定了水面之上的莲花生态体系的活力。

（3）莲花生态模型的应用注意事项。

在不同时节，莲花生态的景象不同，这也寓意在不同的发展阶段，不同的部分可以有交替的展现。例如，莲蓬可以成为主角，含苞待放的莲花可以成为主角，莲藕可以成为主角。

（4）莲花生态模型的变形。

在更加复杂的场景中，如在集团公司的产品组合中，还可以为莲花生态模型增加水域、淤泥、雨水，甚至青蛙的角色，以让整个模型体系更加庞大和完整。

20. 蒸馏装置模型

（1）模型的基本特点及延伸。

蒸馏装置模型比漏斗模型更复杂一些。蒸馏是一种热力学的分离工艺，它利用混合液体或液—固体系中各组分沸点不同，使低沸点组分蒸发，再冷凝以分离整个组分的单元操作过程，是蒸发和冷凝两种单元操作的联合。蒸馏装置主要由三个部分组成，分别是加热气化部分、冷凝部分和接收部分。有时人们会涌现很多的想法，如果这些想法夹杂在一起混沌而无法让人分辨和厘清，就需要借助蒸馏过程进行分离和沉淀。

（2）蒸馏装置模型的应用示例。

纵观这八年来培训圈引自西方的各种新概念可谓鱼龙混杂，有些是商业竞争的需要和商业炒作的结果，因为一旦某个概念火起来某些商业机构就会受益。当这些热词被加热时，热词背后的真实需要和价值就开始气化，有些变成了水蒸气漂浮在半空中形成了美丽的云彩（好看但是一时不知道怎么用），有些冷静下来沉淀为组织需要的雨水。引导技术无疑就是其中沉淀在接收部分的一股清泉。有很多人曾经跟我说，没有想到引导技术会火这么多年，遗憾自己并没有持续跟进。我只能说："引导的本质和价值可不是某些被商业热炒的风尚概念一般可比的。"

（3）蒸馏装置模型的应用注意事项。

蒸馏装置模型中的加热部分是至关重要的，试着寻找能够加热想法并使之分离的燃料，有助于人们发现新的内容；同时，蒸馏装置模型反映了一个物质分离的过程，最后分离出来的物质本身就存在，而不是新催化出来的。不过为了实际使用需要，你可以增加这个新的夸张功能。

（4）其他提示。

蒸馏装置模型的背后是一些基础的物理常识，如果你和你的受众还熟悉一些更复杂的物料原理，只要结构简单、关系清晰、框架明显，都可以使用。当然如果你和你的受众还能接受一些化学常识和原理，那你们就可以共同创造出更多精彩的隐喻框架了。

以上20个常用的隐喻框架，只是框架隐喻景区里的几处风景，具体使用和掌握的数量，还是要看你对这些隐喻框架的熟悉程度和习惯偏好。但整体上我认为，能熟练使用5~7个隐喻框架还是很有必要的。经过一段时间的刻意练习，你会发现自己的逻辑思维和隐喻思维会两翼齐飞，达到新的高度。

3.4 框架隐喻在工作坊设计中的应用

场景示例一：借助框架隐喻，生动化课程模型

模型是工作坊的灵魂，反映引导师的内容准备度和解决问题的思想，在工作坊开始之前，可以借助框架隐喻将纯逻辑的模型升级为富有隐喻效果的模型。升级模型一般按照四个步骤进行，第一步抓取原模型（本体）的核心要点与逻辑关系，第二步筛选恰当的喻体，第三步将原模型的核心要点与逻辑关系套入新的喻体，第四步进行最后的调整和完善，最后形成比较稳定的隐喻框架。

接下来，看一个示例。与本书相关的隐喻引导术[©]课程主要面向培训师、内训师和引导师，包含了概念隐喻、框架隐喻、流程隐喻、情景故事、沙盘共创[®]和隐喻剧场[®]等隐喻工具，旨在让晦涩的内容生动化、繁杂内容结构

化、单调流程旅程化、教学活动创新化和教练对话神奇化。刚开始我使用了中心放射状模型呈现隐喻引导术®的课程价值。为了限定呈现的内容数量（便于记忆），在这个模型里面，隐喻的价值功能分为了三个部分，一是概念隐喻、框架隐喻和流程隐喻第一个层次的应用，二是情景故事等升级传统教学活动的应用，三是升级教练对话的应用。整体上三个部分呈现并列关系，且都是基于隐喻的基础特征和价值功用的。

从严格意义来说，这个并不是一个模型，因为虽然知识点之间的关系很清晰，但并不是一个封闭（边界和数量）的好模型。接下来，我开始用框架隐喻来升级和迭代这个模型，我总共选择和设计出了四个模型。首先是旋转轮盘，可以让静止的隐喻框架旋转运动起来。其次是紫荆花和风车模型，可以让知识点和价值功能有一个更有活力和生命力的承载和依托。但对这两个模型我依然并不满意，因为这只是实现了知识点之间的陈列效果，而中心向外发散的效果也只呈现重点逻辑。最后是涟漪图（动态的洋葱图）模型，它包含了两个层次。第一个层次反映隐喻的价值和功能是核心，初步延伸出概念隐喻、框架隐喻和流程隐喻这三个基础工具。第二个层次在第一个层次上进一步延伸出情景故事、沙盘共创®和隐喻剧场®等教学活动应用或教练对话应用。

以上是隐喻引导术©课程核心模型的迭代过程，供大家参考；以下是我的心得体会和经验。

第一步，提炼核心学习要点或核心价值必不可少。在提炼的时候，大家要注意的是，课程的核心模型不应该是教学活动（教学方式）的堆积，也不应该是课程的学习安排，而应该聚焦课程的学习内容（核心知识点）和内容带给受众的直接价值；前者清晰呈现课程的内容框架，传递课程设计者关于主题的理解和内容限定，后者告知受众学习过后的直接收益和前后变化。

第二步，要多尝试几个隐喻框架，以进行对比选择。在寻找隐喻框架的时候，可以首先参照常见的隐喻框架模型（参见20个常用的隐喻框架），也可以试着构思一个问题：如何让这个模型在受众脑海中简单而又生动地出现呢？更加细化的问题包括，从远处看这个模型像一个什么？这个模型是什么颜色的呢？是静止的还是运动着的？走近一点看，还能发现这个模型隐藏着什么典型的逻辑关系呢？再拉远一点镜头看，还会发现什么细节呢？当你有了更多的选择后，可以选定一个比较稳定的主框架，也可以在不同行业客户场景下使用不同的隐喻框架。另外，如果你能为你的课程模型轻松地找到几个隐喻框架，就说明你对课程内容的掌握已经达到了相当纯熟的程度。

第三步，选择最终的隐喻框架，然后进行填充、调整和丰富。一旦选定某一个隐喻框架，就应该尽量稳定下来，尽力突出和稳定地宣传营销；同时，为了满足需要，隐喻框架可以有不同的版本，在核心载休和关系不变的情况下可以有不同的形式（类似于公司标志的变形操作）。随着需要承载的内容扩展，还可以先尝试在目前框架基础上填充和丰富，继续发挥这个隐喻框架的价值，直到实在无法承载的时候，再考虑重新选择。

场景示例二：设定隐喻框架，收集更多想法

隐喻框架是承载想法的载体，当想收集更多的想法时，不一定非要依次地提出问题，而是可以按照一定的逻辑找到一定的隐喻框架。参与者要做的

就是面对指示贡献想法，整个过程类似于完成一个拼图，特别适用于参与式教学和想法共创。

以下来看三个常见的应用示例。第一个示例是KWL饼图模型。培训师或引导师经常需要在入场调查环节了解学员（参与者）的情况，而KWL代表已经拥有的（Known）、想拥有的（Willing）和新收获的（Learned）三个英文单词的首字母。学员在课程一开始填写KW的部分，方便培训师或引导师了解学员的旧知和渴望；临近课程结束时，可以让学员填写L的部分，方便学员总结收获和培训师或引导师看到学员的习得状况。此外，模型填充完毕后，作为学员可以看到自己的学习成长过程；作为培训师或引导师，可以看到更多学员的KWL饼图，有助于下一次的教学设计。

KWL饼图模型更多地是收集一个层面的想法和信息，接下来看第二个示例是黄金圈或洋葱模型。Why—How—What或道法术或葱心、葱肉、葱皮的三个层次，提示培训师或引导师，让学员依次由外及内填充想法，每次的深入都是对前一个层次的超越；同时，如果培训师或引导师用洋葱模型来设计课程的内容部分（如引导技术），则需要比较清晰地区分引导工具的细节、引导工具的操作流程和引导工具背后的假设原理。在此基础上，如果还要用洋葱模型来开展教学活动，则需要清楚三个层次所分别使用的教学活动和方式，如最外层的陈述知识采取将促进记忆和理解相结合的方式，中间层次的程序性知识采取以促进应用为主的方式，最深层次的态度原理类知识则采取以促进反思感悟和交流分享为主的方式。

第三个示例是收获大树，也是框架隐喻最简单且普遍的一种使用方式。

例如工作坊结束后，绘制一棵大树放在门口，让每个人或小组填写自己的收获和心得体会，最后粘贴到大树的树冠或果实上，最后组织者可以拍照用于宣传。类似地，培训师和引导师还可以在开场环节绘制好一个地图，让参与者在各自的籍贯归属或定居区域中填写自己的姓名；还可以绘制一个动物园或花园，让大家将自己的姓名跟喜好的动物或花朵粘贴在一起，这些方式有助于参与者找到身份认同、共同兴趣，目的都是让大家可以快速打破陌生尴尬，贡献话题和建立连接。

场景示例三：选择隐喻框架，整理想法

培训师和引导师用一棵生机勃勃的大树收集想法，更多地只是用了大树的树冠部分，其实还可以把大树的树干、树根部分也应用起来，借助大树生长的生物原理，让树根、树干、树冠三个部分连接起来，从而承载和整理基本符合三者关系的想法。工作坊中，当想法很多但缺乏显著的逻辑并有继续收敛需要的时候，就是框架隐喻大显神威的时刻。培训师或引导师一般按照选择喻体、填充喻体和完善命名三步使用框架整理想法。接下来我分享在文化共创工作坊中，运用框架隐喻整理收敛文化理念的示例，供大家参考。

当我们运用奇迹之墙（历史图表）总结提炼组织关键成功因素的时候，我们往往会收集到让组织砥砺前行开创辉煌的很多要素，如艰苦奋斗、自强不息、务实肯干、大胆创新、团队协作、开放合作等大量的词汇。我们可以借助限定数量的方式进行第一轮的词汇整理和收敛，但同时我们也会发现，这些词汇有不同的指向，没有明显的包含关系但是背后似乎又有一定的关联。例如，你很难说大胆创新比艰苦奋斗更重要，你也不能证明自强不息或

大胆创新包括了务实肯干……企业文化核心理念应该相对聚焦，并方便记忆，在工作坊现场，我们需要借助框架隐喻的方式更加快速地整理收敛这些想法。

此时，我们可以给出一个文化大树的框架载体（组织文化就像一棵大树的隐喻）。先让大家理解树冠、树干和树根三个部分所代表的价值功能（如树根代表根源、树干代表支撑、树冠代表成果或外显）；再延伸到组织文化中，让大家试着把这些词汇填充到文化大树的树冠、树干和树根三个区域；最后再进行一定的澄清、调整和共识，最终确定文化大树的内容。

如果现场或未来有更多的文化理念需要填充怎么办？隐喻框架具有的延展性能此时发挥作用。例如，在某一次工作坊中，树根部分代表组织文化的价值观，结果价值观部分有5~7个词汇。此时，大家都不愿意舍弃每个词汇，那我就让把这些词汇继续区分，哪些位于主根系、哪些位于次根系；在另一次工作坊中，在树冠、树干、树根三个区域完成填充分配后，仍然有些词汇大家舍不得放弃，我就让大家考虑文化大树所处的环境，如哪些为这棵大树提供阳光、空气、水分，哪些是承载这棵大树的土壤……从而在现场绘制出了一棵有生态效果的文化大树。

除大树这个经典的隐喻框架外，我还用过雨伞、汽车、房屋等隐喻框架。在选择隐喻框架时候，需要注意三个事项。一是尽量让参与者参与隐喻框架的生成过程，如果隐喻框架来自现场的参与者，现场共创的效果更好。二是培训师或引导师需要清楚隐喻框架选择的标准，尤其当参与者现场提出多个隐喻框架的时候，培训师或引导师要能够给出标准并快速决断，免得争执太久或消磨大家找到解决方案的兴致。特殊情况下培训师或引导师也可以基于自己对客户的了解和对隐喻框架的熟悉程度直接给出隐喻框架，只要参与者能够理解和接受即可。三是从整体上来看，隐喻框架呈现三个部分或四个部分比较合适。如果隐喻框架只呈现上下或内外两层结构，则很多时候不足以把所有的想法包容进来。而如果隐喻框架超过四个部分，则关系会显得过于复杂，在归类想法的时候容易产生不同的观点。在满足层次结构要求的基础上，如果隐喻框架与现场参与者所在的行业或职能有一定的相关性则更好。例如，客户所处的行业是保险行业，则雨伞这个隐喻框架则更有隐喻效果和宣传效果；客户所处的行业是汽车行业，则汽车这个隐喻框架则比雨伞更有隐喻效果和宣传效果。

场景示例四：更换隐喻框架，沉淀更新认知

当参与者陷入已有心智模式而无法开启新的行动时，精准地发现参与者认知背后的隐喻假设并引导更换，有助于打破固有思维、开启新的行动。整个过程可以分为三个步骤，第一步是帮助浮现过往的假设，第二步是更换隐喻假设与框架，第三步是对比前后两类隐喻假设与框架获得启示和新发现。举例来说，老师和学员之间的互动行为背后其实是有一定的隐喻假设的，从老师的角度看，如果你认为学员是你的用户，那么你和学员的主要互动方式就是你提供有价值的服务并从学员那里获取回报。简单来说就是一种基于价值的交易。如果你认为学员是你的合作伙伴，那么你和学员的互动方式就可能转移到思考如何彼此助力和共同前进上。此时你跟学员的交易置换行为仍然存在，但都是服务于新的目标关系的，你们的关系也将会更加持久和

稳固。对比这两种假设，你会发现不同的隐喻假设，对某些行为和事情的看法就会不同。由此，或许你会获取新的启示和觉察。良性的创新的关系的建立，需要双方研讨出一种新的模式和机制，不止于某一两次的交易行为，而是让双方共建平台、彼此帮助、共同成长，甚至变成利益、情感和事业的共同体。这个更换隐喻假设与框架的做法在神经语言程序学中也被称作换框法。切换一个假设，就是切换一种模式。

在工作坊中，可以将学员前后认知渐变或蜕变的过程用不同隐喻框架的形式呈现，借力框架隐喻引导学员习得和产出成果也是一种适合成人的高明的教学方式。以常见的"管理者角色与认知"这个课程举例来说，第一步在课程开始后让学员回应管理者到底是一种角色。为了方便初学者回答，可以通过选择题来让学员做回应，借助这个活动激活学员旧知，同时各组不同的旧知也有助于引出新知。第二步有两个关键动作，一是在课程中间让学员根据所学和所获不断调整管理者是何角色的内容和框架，这个过程有助于学员总结认知和应用认知，二是过程中老师根据课程的知识框架不断反馈和引导大家去思考管理者的角色，尽量确保老师准备的内容与学员的课堂认知之间的建构。第三步在课程快结束的时候，老师引导学员在老师的框架和小组框架的基础上形成自己的答案，并以此开启新的行动计划。这个教学过程背后其实是，引导式培训中针对模型类特称的FACT循环圈（参见《引导改变培训——从课程设计到工作坊设计》）。在框架模型的前后两次构建过程中，选择隐喻框架模型而非纯逻辑的框架模型更容易让学员达成共识，产出更丰富多样，记忆也会更加深刻。

3.5 框架隐喻的应用提示

框架隐喻超越了逻辑框架，发挥了隐喻既有逻辑又灵活适应的特性，是非常实战和强大的隐喻工具。在使用中有四个操作提示，供大家参考。

一是当学员比较难理解什么是隐喻框架的时候，可以用常用的隐喻模型做提示或举例，以激发大家的想象力或给大家提供参考和筛选的资源池。

二是鼓励大家尝试多个隐喻框架，这是因为不同的喻体都会反哺到本体。多个不同的喻体组合的共同特征或互补特征，有助于大家重新认识本体。现场拼图不仅真实刺激，而且还会激发新的创意。

三是为了学习的需要，各组的隐喻框架可以相互借鉴和反思观察，无论是从填充的内容还是框架的特征出发，有共识的地方值得总结。让大家看到，有差异的地方值得探询和倾听，让大家构建。

四是为了现场成果产出需要，最终尽量在众多喻体中选择一个更适合的主框架，这也就要求引导师掌握好隐喻的特征和不好隐喻的特征，在僵持不下的关键时刻给出隐喻框架的参照标准。此处的内容请大家参照隐喻生产漏斗部分。

第 **4** 章

基础隐喻技术

3：流程隐喻

4.1 流程隐喻简介

前面认识了概念隐喻和框架隐喻，既然概念可以隐喻化、模型框架可以隐喻化，那流程为何不可以隐喻化呢？

流程隐喻就是将培训的流程、工作坊的流程、教练对话的流程进行隐喻化，这个加工过程听起来就跟给木制家具上漆差不多，但是流程隐喻可以走得更远。流程隐喻让人们以新的视角看待A点到B点的过程，从此不再只有逻辑支配的流程；让新的流程包含逻辑和隐喻；让新的流程包含理性与诗意。流程隐喻的过程就跟人们盯着沙漏看一样，过去的你可能只看到了沙子代表的时间在流逝，而拥有了隐喻思维和视角的你还可以看到沙子代表的人生经验在沉淀，甚至看到人生的起伏与轮转。

流程隐喻的应用场景有四个，一是流程生硬，让客户觉得缺乏新意；二是流程不能激发参与者的兴趣；三是设计方案如果实施会缺乏亮点；四是流程出来后引导师自己不满意。无论是从形式上还是实质内容上，流程隐喻都可以让现有的逻辑流程如虎添翼、画龙点睛。

无论是培训流程，还是工作坊流程、项目流程，流程背后，其实都应该包含流程逻辑思维与流程隐喻思维，两者相互借鉴、相互支撑。有的人一开始打造的是逻辑流程，有的人一开始打造的隐喻流程，但是最后都会发现，要做一把好的梯子，只有两者相互配合了，才算是能工巧匠手中的鬼斧神工之作。

这是因为从根本上，人们生活在隐喻的世界里，隐喻空间让人们的生活充满了意义和乐趣，人们对固有流程的隐喻心智模式影响着人们的体验和收获。例如，如果你认为一场工作坊就是解决问题的过程，那么参与者的学习体验与连接融合需要就会被削弱甚至被漠视；而如果你认为一场工作坊是借助问题解决来进行自我修炼的道场，那么你对自我的成长就会承担主要的角色，反思觉察就会替代指责跟抱怨。丘吉尔曾经说过，每天你都可以进步，每一步都会有所收获，然而，面前总会有一条不断延伸、蜿蜒向上、永远在前进的道路，尽管你知道永远无法走到旅程的尽头，但这不会让你气馁，只会为你增添攀登的喜悦和荣耀。所以，看待流程的视角不同，看到的风景就不同。

再如，假设经历一场工作坊就是完成一次充满可能性的旅行，引导师就像导游一样带领参与者享受旅途的跌宕起伏、峰回路转和柳暗花明……于是，设计前，引导师选择把工作坊的逻辑流程隐喻化为一次探索和旅行，则可能会更加重视路线规划，更加重视每个环节的体验分享，重新看待每次的挑战和挫折。如果已经完成了逻辑流程的设计，引导师可以选择与隐喻化流程进行对比借鉴，既然引导师知道，一般旅途中有对未来的美好期待，也有骨感现实的艰难险阻；有看到风景的喜悦，也有困难前的担忧，更有超越挑战和自己的兴奋……于是隐喻化的流程变成了与逻辑流程平行的参考系，接下来引导师要做的就是对照着逻辑流程增加一些环节，缩短一些环节，依据大家的能量状态调整下节奏，让最终设计得以优化和完善。

当然，流程隐喻既可以针对整体流程进行隐喻对比，也可以针对某一阶段流程隐喻对比。有经验的学习体验设计师，懂得如何仿照隐喻化的流程设计项目参与体验，懂得在哪个阶段塑造极致体验，也懂得在某时某刻让大家经历挫折和痛苦。

4.2 20个常用的隐喻流程

任何一个隐喻流程都包含了三类变化，一是时间的推进，二是位置空间的改变，三是形态状态的调整。在现实生活中，拥有流程思维有三个典型的价值意义。一是提示人们看待事物要具备动态的思维，避免静止固化地看待事物。当人们用过去、现在和未来的时间线思维看待事物的时候，人们就能够清楚地理解现状，并能预示事物未来的发展。二是提示人们看待事物要保持积极乐观的心态。流程思维意味着事物必然会发生新的变化，尤其当人们面临困难和挫折的时候，人们相信这只是全过程中的某一个阶段，未来依然可期。三是提示人们更加看重过程而非目标与结果。重视流程意味着人们会用更加科学和现实的方式追求目标的达成，意味着目标只是流程的结果，意味着人们不纠结目标结果是否达成。

流程隐喻让人们换一个视角看待一件事情，新的参考系出现，不仅有助于人们完善已经规划设计的流程，也会让人们发现新的风景。类似20个框架隐喻工具，我汇总了工作生活中常见的20个隐喻流程，并分别列出了三步隐喻流程和四步隐喻流程的样式，供大家在不同场景下参照使用。这20个隐喻流程都是积极、正能量的，旨在引导工作坊参与者的关注力和能量走向。依据各流程间变化的大小差异，可以将这20个流程分为三个层次和类别。一是流程间渐进式的变化，如人的成长过程；二是流程间累积式的变化，如取经的过程；三是流程间飞跃式的变化，如蝶变的过程。不同的变化模式，提醒人们要学会转换视角，看到不同的模式的差异，看见更大的画面，能够清醒地觉察当前的状态并预演未来的状态；选择不同的变化模式，反映人们的心智模式、面对危机和困难的心态，以及生存和发展的策略。

1. 植物成长流程

以树的成长为例，三步隐喻的流程是小树—大树—树林，四步隐喻流程是幼苗—小树—大树—树林。

（1）流程的基本特点及延伸。

从幼苗到小树、从小树到大树都是自然成长的过程，从大树到树林则可以算是一个包含了量变（小到大）到质变（一个到多个）的过程。如果继续延伸这个流程，还可以包括落叶归根。

（2）流程的应用场景示例。

当人们回顾或展望一家公司成长的时候，可以使用植物成长的流程进行辅助呈现和故事化描述。公司也是有生命的，很多公司的成长都会经历从幼苗到树林的过程，在初创阶段非常脆弱；在茁壮成长的过程中，自己不断汲取养分和经历挫折；最终能够稳固地生长在大地上，为人们提供一个遮阴的地方和风景。

（3）流程的应用注意事项。

在植物成长的不同阶段，所需要的养分和所处的环境是不同的，由此人们可以进行更多视角的隐喻连接；同时，在不同的阶段，植物内在的生命力、内在追求和对外的影响力也是不同的，也可以从内部视角与本体的相关特征进行连接。

2. 人一生的成长流程

人一生的成长流程可以分为三步，即从儿童到成年再到老年；也可以分为四步，即从婴儿或幼年开始，然后到青年再到中年，最后是老年或暮年。

（1）流程的基本特点及延伸。

人是自然界的一部分，人一生的成长流程与植物成长流程类似，稍微不同的地方有三个。一是人一生的成长流程会让现场的参与者更有参与感和连接感。通过观察身边人的特点人们可以获得更多的信息。二是基于人的复杂性，人一生的成长流程中每个阶段的区分更加显著，可观察的角度也更多。三是人一生的成长流程中包含人们很多美好的期望与祝愿。例如，有些人虽然进入了中年阶段，但是看上去并不像人们想象的中年的样子，甚至会被人说"返老还童"了。

（2）流程的应用场景示例。

例如，企业生命周期理论就是把一个组织的发展隐喻为人的一生，包括初创时期的脆弱、青年时期的迷茫、中年的不堪重负与老年的危机频频。

（3）流程的应用注意事项。

人一生的成长流程的复杂性，提示人们可以借助这个隐喻流程进行更多的建构和反哺本体。例如，有人是借助健身来保持年轻的，那企业如何健身才能保持年轻？有人是借助化妆品来保持容颜的，那企业可用的化妆品会是什么？

3. 登山流程

登山流程如果分成三步，分别是山脚起步，爬到山腰，最后攀登到山顶；如果分成四步，则可以从前期准备开始，接下来是山脚起步，爬到山腰，最后登顶，或者山脚起步，爬到山腰，终于登顶，下山回家。

（1）流程的基本特点及延伸。

如果说植物成长流程显示的是逐步强大的过程，人一生的成长流程呈现的是经历逐步丰富的过程，那么登山的流程暗示的就是目标逐步达成的过程。同时，登山的过程也对登山者的体力提出了逐级更高的要求，风景的设置和变化也会给予登山者逐级更高的反馈和体验。

（2）流程的应用场景示例。

登山流程是最常用和最通用的流程之一，我在《引导改变培训——从课程设计到工作坊设计》一书中，将引导式培训分为三个阶段，引导式培训1.0、引导式培训2.0、引导式培训3.0，分别用山脚起步、爬到山腰和攀登至顶这个流程来进行隐喻，提示引导式培训师不应该停留在山脚的位置，而是继续用引导的理念和精神推动课程流程的升级改造，直至让问题解决和教学相互牵引，达到相互服务的山顶状态。

（3）流程的应用注意事项。

借助现代的工具，人们不一定非要按照山脚到山腰再到山顶的顺序，也可以直接先到山顶，再到山腰，再回山脚，这好比提示人们可以先有目标愿景，再来规划路径和当前的工作。

4. 旅行流程

一场旅行可以分为三步，分别是起点出发，浏览景点，到达终点；也可以分为四步，分别是起点出发，浏览景点，驿站休息和到达终点。

（1）流程的基本特点及延伸。

旅行也是最常用和最通用的流程之一。人们可以在起点和终点之间设置不同数量的景点，也可以设置不同数量的驿站和能量补给站，更可以设置不同的挑战和难关，以增进旅程的丰富度和刺激感。

（2）流程的应用场景示例。

旅行流程特别适合用来做课程设计，类似于流水圈的总分总的模式。在引导的规律®四模块课程体系中，"引导魔法箱®"和"隐喻引导术©"都是按照旅行流程设计的。以"引导魔法箱®"课程为例，起点是引导师的角色与使命，然后依次经过世界咖啡、团队共创、焦点讨论和AI-4D拼图等景点，最后以引导工具间的组合嵌套为终点。

（3）流程的应用注意事项。

旅行可以有很多的分类，如目的地明确的旅程和目的地尚不明确的旅程，追求安全平稳的旅程和追求冒险刺激的旅程，充分规划准备的旅程和说走就走的旅程，一场戈壁沙漠穿行之旅或一场扬帆远航之旅。旅程不同，旅程中所发生的故事也不同。在使用旅行流程的时候，还可以像参加真实的旅行一样，在前期规划线路和景点；也可以像很多人借助旅行更换生活场景和心情一样，在欣赏风景的同时给心灵放一个假；心得体会的分享、内观感悟与重新思考人生也是旅行的重要一部分。

5. 取经流程

西天取经的故事是取经流程的原型，取得真经的过程可以分为三步，依次是接到使命，过程中攻坚克难，最后取回真经；也可以分为四步，依次是接到使命，过程中攻坚克难，终于取回真经，最后应用真经。

（1）流程的基本特点及延伸。

取经的流程以拿到成果为目标，这个成果或者是经过努力从别人手中获得的，或者是经过努力群体自己创造出来的。过程中的攻坚克难，包括了来自各方面的阻挠与困扰，可以是来自团队内部的，也可以是来自竞争对手的；可以是关于路径共识的，也可以是关于资源分配的。取经流程适合解决问题和经验萃取型的工作坊。

（2）流程的应用场景示例。

取经的流程跟职业引导师接到客户需求，设计工作坊方案和拿到成果产出的过程类似，也跟在战略规划和战略分解工作坊中引导师的关键工作相关。接到使命意味着让参与者明确战略的价值意义和目标愿景，攻坚克难意味着参与者需要搜寻到关键的阻碍并群策群力出应对的策略，取回真经意味着拿着行动计划准备开启行动，应用真经则意味着要监督和管理战略计划的执行与落地。

（3）流程的应用注意事项。

首先，取经的流程重点往往是在攻坚克难这个环节，由此需要花费的时间也往往最多。其次，关于使命与真经，可以保持一致，也可以不一致。可以认为"使命是起点，真经是重点"；也可以认为真经是践行使命的过程和手段。最后，关于真经，既可以理解为发起人想要的成果，也可以理解为经历过程之后，团队真正的收获与发现。

6. 探险流程

探险是人类了解自然和试图征服世界的方式。探险的流程与取经的流程类似，可以分为三步，依次是启程，探险和新的发现；也可以分为四步，依次是启程，探险，在驿站和新的探险。

（1）流程的基本特点及延伸。

探险的流程与取经流程相比，并非完全成果导向的流程，探险者往往更看重探险的过程及经历，并且探险者的动力往往来源于探险的刺激、紧张、对人的潜能的挑战及更多的可能性。由此，探险的流程更适合那些终点和目标成果不是很清晰的工作坊。

（2）流程的应用场景示例。

团队融合类的工作坊特别适合用探险的流程，新老团队因为组织的战略和使命走在一起，过程中必然经历摩擦与碰撞。引导师可以安排不同的合作任务，这就好比是一次又一次的探险的过程，安排驿站则是让大家停下来开启欣赏与探询，最终提醒大家回到工作中必然又会开启新的探险。保持探险的感觉和状态或许是应对险境的法宝。

（3）流程的应用注意事项。

探险流程选择的前提和假设是一个险字。险境意味着有更多的刺激和可能。在设计流程活动时，可以适当地增加挑战的难度和竞争度；同时，在探险之后的反思发现环节，可以在每个过程中都有安排，而在历险任务过后的最后环节的分享中可以安排更多视角和层次的分享。

7. 英雄之旅

英雄之旅是电影故事经常采用的剧本套路，在工作坊中，引导师可以选择三步流程，分别是尝试解决问题，挫折中成长和开启新一轮任务完成挑战；也可以设计为四步流程，分别是第一次尝试，第一次反思，重新组建团队和开启新一轮的任务完成。同时，由于英雄之旅的主体流程逻辑与U型理论有相似之处，且表现为一个圆形或U形的轨迹，也被很多熟悉U型理论的伙伴称为U形之旅。

（1）流程的基本特点及延伸。

如果说探险流程对探险者来说是一个经验阅历积累的过程，那英雄之旅对探险者来说就是一个最终质变的过程。探险之旅总结了平常人成为英雄的过程。凡人一定是在应对挑战完成任务过程中成长为英雄的。由此，可以像探险的流程一样去设置关卡；同时，英雄之旅一般都会经历两次应对挑战的过程，第一次的失利与不完美为第二次新的选择进行铺垫，失利过后的反思与学习是第二次成功的关键，新的团队、新的资源也是完成任务挑战的不二之选。

（2）流程的应用场景示例。

我的课程"工作坊设计©"的教学设计流程采用了英雄之旅（U形对话圈），面对已有或多或少工作坊经历的人，第一步就是先进行激活旧知式的设计尝试，让大家展示过往的工作坊设计模式和习惯，这样做的好处也是方便引导师看到设计还不够科学和系统的地方；经过反思和对比发现后，大家再补齐应该掌握的工作坊设计的常识与方法（为了第二次尝试做储备）；接下来为了验证大家是否掌握了新的方法，需要大家重新组建小组面对挑战更大的设计课题，最终运用科学的方法完成挑战，成长为能够打通需求—目标—流程—工具的专业实战的设计师。前后两次设计是让一位不够成熟的引导师走向成熟引导师的必经之路，在这个旅程中个人的经历、反思、觉察和引导师给予的支持都是其质变的必要条件。

（3）流程的应用注意事项。

英雄之旅背后有英雄成长的一般规律，也包含了必要的帮助凡人成长的关键动作，包含了认知转变、心智成长与实战技能增长的关键支持因素。由此，使用英雄之旅时，还需要引导师充分了解参与者当前的状态和参与者能够达成的状态，以及让这一群参与者真正发生转变的关键当然。在具体细节层面，第一次挑战的难度要适中，确保大家应对挑战过后既能保持自信，又能暴露出一定的问题；在遇到挫折时，引导师也能够给予参与者心理抚慰、情感支持和教练辅导，确保大多数能够迈过这道坎；在第二次挑战时，要确保参与者汲取第一次挑战的经验与教训，以新的方式方法完成任务。

8. 过山车流程

过山车是儿童特别喜欢的游戏，成年后很多人依然喜欢这一类挑战胆量、惊险且刺激的游戏。过山车流程是山谷模型的动态化，是更加复杂的U形之旅。过山车的旅程可以分为三步，分别是山顶俯瞰，到达谷底，再重上新高度；也可以分为四步，分别是山顶俯瞰，到达谷底，艰难爬坡和到达新高度缓行。与U形之旅相比，过山车更为刺激和复杂，也被称为W形之旅。

（1）流程的基本特点及延伸。

过山车这个流程简单、跌宕起伏并包含多种可能性。例如，可以根据需要规划和截取不同的过山车的轨道路线；可以设置不同的起点和终点；可以根据当下的状态重新标注起点和选择过程中的必经点，还可以从知识、态度、心智、技能等不同维度绘制不同的过山车旅程。

（2）流程的应用场景示例。

我一般将过山车流程作为GROW成长流程的辅助流程来使用。在工作坊的一开始畅想目标，让大家站在一个高的起点并充满动能；接下来进入现状面对严峻的问题，进行反思和深度思考；然后找到解决问题的方向，以撸起袖子加油干的精神继续畅想未来一年的终点工作；接着为了让这些工作能够变成真正的行动，还需要冷静思考需要的资源支持或可能失败的风险因素；

最后大家进行承诺与行动宣誓。

（3）流程的应用注意事项。

在使用过山车流程时，需要设计者提前规划希望现场参与者经过几个循环跌宕。一场两天的工作坊经历两到三次低谷就差不多了，太多次起伏一般人心脏可承受不了。同时，需要特别关注群体的动能与情绪，在团队能量处在低谷时，引导师能够保持耐性并能帮助团队冲向下一个阶段。最后，引导师还可以让参与者描述当前所处过山车的状态与位置，以验证自己设计的流程节奏是否需要调整。

9. 帆板的Z形流程

了解过帆板运动的人都知道，舵手在海上航行时，从起点到终点的最佳路线并不是直线，而是会随着风的方向不断调整，最终呈现Z形折线。帆板的Z形路线，作为隐喻流程，可以分为三步，分别是定位目标，折线前进，到达目标；也可以分为四步，分别是定位目标，设计路线，折线前进和到达目标。帆板的Z形流程与登山流程、过山车流程有异曲同工之处。

（1）流程的基本特点及延伸。

帆板的Z形流程是典型的迂回路线，偶尔使用会让参与者跳出固有的思维模式，并有神奇的效果。帆板的Z形路线，不仅可以是一种工作坊流程；也是解决问题的模式和思维方式，与建造隐喻空间的原理和过程类似。

（2）流程的应用场景示例。

有些工作坊需要一下应对很多的议题，而且议题也很难做出筛选和过滤。此时，运用框架隐喻可以进行整理，但还是不能确定现场议题的顺序，此时，可以使用帆板的Z形流程，将现有的议题按照Z形归类和分布，不仅可以让大家思考清楚议题的归属，还可以从中快速捕捉到主线流程。

（3）流程的应用注意事项。

使用帆板的Z形流程时，需要引导师做出一个判断，也就是工作坊的流程是以前期设计的为主、参与者的议题为辅助，还是由现场的参与者来确定工作坊的流程。若是前者，议题曲折迂回的设计风险由引导师和发起人承担，若是后者则由现场参与者集体共识得出，这会花费一些时间。

10. 蝶变流程

蝶变流程是为自由职业者所熟悉且最常用的流程之一，毛毛虫到蝴蝶这一特殊的转变总是给人无限想象的空间。蝶变的流程可以分为三步，毛毛虫起步，成为"作茧自缚"的蛹宝宝，最后再蜕变为美丽的花蝴蝶；也可以分为四步，即从毛毛虫起步，成为蛹宝宝，然后变为成虫盘（浆液），蜕变为花蝴蝶。

（1）流程的基本特点及延伸。

蝶变的过程很神奇，毛毛虫给人的感觉是丑陋瘆人的，而蝴蝶给人的感觉是美丽动人的，这一转变过程往往预示着极大的成长和质变。蝶变四步流程中，从蛹的状态到蝴蝶之间的成虫盘状态，很多人都会忽略，其本身又是一次重新打碎自我、孕育新生命的过程。

（2）流程的应用场景示例。

在内训师和管理者心智与技能成长工作坊中，蝶变的旅程出现得比较多。在这类工作坊中，引导师经常安排一些能够让参与者看到和打破自身局限的活动，如严峻的挑战、深刻的自我反思、真实的反馈，以及深层次的提问等，旨在让参与者能够跳出目前的层次，准备好进入更高的层次或更新的世界。

（3）流程的应用注意事项。

蝶变流程经常出现在海报上，视觉的冲击力会让参与者萌生成长的渴望。引导师需要做的就是不断地提醒和让参与者觉察当前所处的状态、与目标愿景的差距，以及自己需要做的由内及外的打破。由此，引导师也可以一开场就让大家描绘期望的蝴蝶状态。实现蝶变也是不容易的，让个别已经"蝶变"的人带动群体，刺激和鼓励大家继续成长也是工作坊结尾常用的方式。

11. 小蝌蚪变青蛙

《小蝌蚪找妈妈》是由上海美术电影制片厂1960年制作的中国第一部水墨动画片。在小蝌蚪找妈妈的过程，完整呈现了小蝌蚪成长为青蛙的过程。小蝌蚪变青蛙，可以分为三阶段：卵、蝌蚪、青蛙；也可以分为四阶段：卵、蝌蚪、幼蛙、成年蛙。

（1）流程的基本特点及延伸。

小蝌蚪变青蛙的过程，是一个不断成长和蜕变的过程，相比毛毛虫变蝴蝶，整个过程更加自然，成长过程更加肉眼可见。同时，幼蛙在成长为成年青蛙的过程中，会先长出后肢再长出前肢，尾巴的褪去也是除体型由小变大外，由多变少的有趣现象。这寓意人们在成长的过程中，要适当放弃或舍弃掉一些东西。

（2）流程的应用场景示例。

基层主管的培养如同小蝌蚪变青蛙的过程，大家的管理意识与管理技能一开始都是懵懵懂懂，逐步地发展出强壮的后肢技能（工作推进、协调监督等），然后长出前肢功能（理解上级、分解工作等），最后褪去的是万事亲历亲为的习惯，最后才能成为一名合格的基层主管。

（3）流程的应用注意事项。

在使用整个隐喻流程时，引导师需要抓住不同成长周期的关键特征，并将青蛙的身体结构与隐喻本体进行比较，并结合各个部位的基本功能，可赋予不同的内容。

12. 鸡蛋孵化流程

鸡蛋孵化的过程也是引导师常用的成长流程，三步流程分别是鸡蛋开始孵化，小鸡孕育和破壳而出；四步流程分别是鸡蛋孵化，小鸡孕育，破壳而出和小鸡成长。

（1）流程的基本特点及延伸。

鸡蛋孵化的变化介于蝌蚪变青蛙的流程与毛毛虫变蝴蝶的过程之间。小鸡孕育的过程是看不见的必要的成长过程。蛋壳类似蚕茧，可以赋予它不同的含义，一种是保护，另一种是阻碍。破壳的过程，是由内及外的打破过程，也寓意要勇敢地自我突破和变革。依据需要，可以增加破壳而出之后的流程，如小鸡变母鸡、母鸡再下蛋或小鸡变凤凰等。

（2）流程的应用场景示例。

在变革类工作坊中，除蝶变流程外，引导师用得最多的隐喻流程就是鸡蛋到小鸡到凤凰的流程，鸡蛋的自我打破提醒大家自我变革的必要性、小鸡变凤凰提醒大家颠覆、创新与跨越的勇气和磨砺，每个流程都拷问人们的初心与愿景，而且是激流勇进、不进则退的必需抉择。

（3）流程的应用注意事项。

海报上小鸡与凤凰的形象比较难绘制，可以借助类似图片打印、隐喻图卡、简笔画等方式实现。

13. 颜色战争®

《颜色的战争》是一本关于颜色的书，被誉为"儿童色彩圣经"，它的主人公是红色、蓝色、黄色、橙色、绿色、紫色、白色和黑色。每种颜色有自己的个性，有的颜色性格温和，有的颜色脾气暴躁，当它们碰到一起的时候，一个神奇的故事就拉开了帷幕……有的颜色消失了，取而代之的是新的颜色。颜色战争®流程可以分为三阶段，分别是独立的颜色、颜色融合、新颜色形成；也可以分为四阶段，分别是独立的颜色、颜色碰撞、颜色融合、新颜色形成。

（1）流程的基本特点及延伸。

颜色战争®流程有多种变化，如黑色与白色相遇，最后形成的是与黑白相近的灰色；黄色与蓝色相遇，最后形成的是迥然不同的绿色。颜色，不仅代表参与者的组成，还代表参与者的观点想法与文化立场，还可以代表参与者的能量级别（冷暖色）与实力级别（颜色深浅）。

（2）流程的应用场景示例。

在新老员工团队融合工作坊中，引导师不仅是让新老员工看到各自观点的差异，更重要的是让大家实现文化融合。由此，在开场后先让大家思考，黄色与蓝色相遇之后的结果，以及是什么原因让两种颜色混合并生成新的颜色；然后，在工作坊过程中，不断记录大家融合的建议和想法；最终大家将初始的状态与最终的状态实现了架桥连接。

（3）流程的应用注意事项。

在绘制隐喻海报时，首先判断客户发起人期望的前后变化，由此判断选择是黑白色（示例）对撞，还是黄蓝色（示例）对撞。类似颜色战争、支流奔向大海的过程，也是不断融合汇集、最终形成新的干流的过程（例如，融汇的流程可以分为三步，分别是开始合流，逐步融合，形成新水系；也可以分为四步，分别是开始合流，前期碰撞，逐渐融合，最后形成新水系）。

14．水滴旅行

《小水滴的旅行》是一本科普类的图画书，主要讲述了水的循环过程，从水蒸气、云、雨、雪、冰到河流、湖泊和海洋。由此，水滴旅行的流程可以分为三步，分别是水滴蒸发，化为云朵和大雨倾盆；也可以分为四步，分别是水滴蒸发，乘风而行，化为云朵和大雨倾盆。

（1）流程的基本特点及延伸。

水滴旅行呈现了一颗小水滴为了实现梦想而不断努力变化自身状态的过程，给人励志和奋进的启发。既然水可以做到这些，那么人或组织也应该可以做到。

（2）流程的应用场景示例。

在组织变革过程中，人们对变革的感受与态度往往影响变革的成效与进度。小水滴的旅行，完全可以作为一个隐喻的流程和故事，给予人们思考：小水滴为了什么而自我变革？在变革的过程中，什么会阻碍状态变化？什么会促进和帮助完成一次次的转型？每个人如何像小水滴一样自我变革，又如何像小水滴一样勇敢地面对人生的跌宕？

（3）流程的应用注意事项。

在使用水滴旅行作为隐喻流程时，可以首先聚焦小水滴旅行的动力，其次关注水滴变化的推动因素和阻碍因素，最后再看水滴在不同旅程中状态的变化及没有变化的地方。水滴旅行的流程还可以呈现为水滴状态、雾化状态、窗花结晶、凝结成冰等。

15. 季节变化

季节的变换，包含了众多的元素，这些元素既表达了季节的更迭，又推动了季节的流动与往复。季节变化可以呈现三阶段，分别是春天、夏天和秋冬，也可以呈现完整的四阶段，春天、夏天、秋天和冬天。

（1）流程的基本特点及延伸。

早期人们根据耕作的需要和惯例，描述了四个季节不同的工作内容，同时也让四个季节具有了不同的隐喻特征，春天带着希望播种，夏天在炎热中成长，秋天在凉爽中收获，冬天在严寒中休息和蕴藏。季节的变化，既可以隐喻组织一年四季的不同工作状态和工作成果，也可以隐喻组织不同阶段的发展变化与循环成长。

（2）流程的应用场景示例。

两天的工作坊可以隐喻为四季的更迭，第一天上午要看到希望，第一天下午要耕耘和突破成长，第二天上午要开始收获成果，第二天下午要开启行动、落实希望。

（3）流程的应用注意事项。

每个季节既有正向的能量，也有负向的动能。既可以抓住正向的特征，也可以让人们思考如何应对负向的动能，还可以思考如何推动季节的主动更迭。

16.　上餐流程

"近取诸身，远取诸物"。如果仔细观察，人们会发现更多与每天生活息息相关的有趣的隐喻流程。中餐上菜三步可以为凉菜、主菜、甜点或水果；西餐上菜的流程可分为四步，分别是头菜（开胃菜）、汤、主菜，最后是甜点或咖啡。

（1）流程的基本特点及延伸。

首先，上餐流程的背后是人们的饮食习惯和饮食文化，丰富变化的背后并不能反映营养摄入的先后顺序（科学特征）。其次，通常情况下，上餐流程呈现由轻到重再由重到轻的纺锤式特征，中间的主菜（内容环节）尤为隆重和关键，也是设计本体流程的重点。最后，上餐流程的第一步和最后一步流程，更多地是为了照顾丰富体验的需要。

（2）流程的应用场景示例。

在进行传统培训课程设计（学习要点与教学设计）及很多的学习项目设计时，培训师经常借助上餐流程来宣告日程安排或项目进度，也会借助中西合并的上餐流程或更加复杂的上餐流程来检查完善本体流程与内容安排。

（3）流程的应用注意事项。

中餐和西餐的文化不同，代表的含义不同，出现的场景也不同；根据需要在不同的情景下，面对不同的受众，上餐流程可以灵活组合，还可以根据本体流程来调整上餐流程的先后顺序和具体菜品，只要符合大众认知即可。

17. 烟火流程

烟火流程包含了三步，首先是火药出现，其次是关键的火柴出现，最后呈现的是五彩斑斓的烟花。烟火流程也可以分成四步，第一步是火药原料出现，第二步是组装设计的过程，第三步是关键的点火，第四步是以烟花作为结果呈现。

（1）流程的基本特点及延伸。

烟火流程与其他流程相似的是前后的变化，由不起眼的黑火药到绚烂的烟花；与其他流程不同的是，火柴这个特殊的引火装置，引发的不仅是物理反应，还有化学反应。这给引导师和参与者一个思考：要依靠什么或如何才能点燃群体的智慧与能量？

（2）流程的应用场景示例。

在工作坊中，引导师可以借助烟火流程弥补和改善之前的逻辑流程，试着从群体能量的角度看，可以在工作坊中间让参与者进行一次能量释放；也可以在工作坊尾场安排一场特殊的庆祝，让参与者展示各自的魅力。在四步流程里面，引导师可以以此隐喻，提示大家注意各自团队的组建（借力火药的组成成分与比例），如何才能催化出让人意料不到的结果。

（3）流程的应用注意事项。

从烟火流程反推引导师的本体流程，点燃和烟花呈现这两个环节需要设计得更有仪式感一些，形式、氛围、规则都可以与其他流程环节有所差异；同时，如何欣赏团队智慧的美丽，需要引导师用心感受、给予真诚的赞美。

18.　粮食加工流程

粮食加工的流程，既可以突出物质形态不断转化的过程，也可以添加化学反应在过程中，更可以两者都包含。以小麦为例，粮食加工的典型流程可以分为三步，分别是小麦收割，磨成面粉，再做成各式面点；也可以是四步，分别是小麦收割，磨成面粉，酵母上场，最后做成各式面点。

（1）流程的基本特点及延伸。

粮食加工的过程是一个粗糙食材变成可以即食的食物的过程，前后的变化是一个从无用到有用的过程，这个蜕变过程的中间环节值得人们反思和借鉴。不经历研磨的物理过程和催化剂的化学过程，美食是不会出现的。

（2）流程的应用场景示例。

粮食加工的流程可以用在内训师成长工作坊中，寓意大家需要打破内在的自我，需要借助别人的反馈和开放内在的自我方能实现味道和价值的变化。

（3）流程的应用注意事项。

在绘制粮食加工流程时，只需要把场景和食品的不同形态绘制出来即可，关键的操作可以省略，以给人想象的空间。类似的流程，还有木材加工、塑料制作过程和复杂一点的汉堡的制作过程等。

19. 牛奶生成与加工的流程

与粮食加工流程类似，牛奶生产与加工的流程也耐人寻味，可以分为三步，分别是奶牛吃草，奶牛产奶，奶酪加工；也可以分为四步，分别是奶牛吃草，奶牛产奶，再到奶酪加工，最后制成蛋糕。

（1）流程的基本特点及延伸。

首先，奶牛吃的是草、挤出来的是奶，这个过程很神奇；其次，就工艺而言，奶酪是发酵的牛奶，就营养而言，奶酪是浓缩的牛奶；最后奶酪作为原材料制作成蛋糕，实现了由草到蛋糕的华丽转变。这个流程不仅是从产出的视角描绘了工作坊的全过程，也刻画了创新型工作坊（有形产品和无形服务）从0到0.8再到1的整个过程。

（2）流程的应用场景示例。

设计思维工作方法是创新型工作坊常用的流程，包括了共情观察与理解、定义问题、创新想法、设计原型、用户测试等。以此为本体，可用使用牛奶生产与加工的流程作为隐喻，不断从隐喻流程中获得启示和启发。

（3）流程的应用注意事项。

在制作隐喻海报时，第一步呈现奶牛和草原，第二步呈现牛奶（盒装、罐装或瓶装），第三步呈现干奶酪，第四步呈现蛋糕。流程标题可以写作"草的一生"。

20. 生物演变流程

整体上粗线条地看生物的演变，可以分为三步，即由鱼类演变为两栖类然后演变为鸟类；也可以分为四步，即由无脊椎动物到鱼类再到爬行类最后到哺乳类。

（1）流程的基本特点及延伸。

借由生存环境从海洋到陆地再到天空的变化，可以看到生物为了适应生存环境的变化而不断改变自己的形态的过程；也可以看到它们是如何不断丰富或发展新的生存技能，以确保自己能够跟上生物演化的过程的。

（2）流程的应用场景示例。

很多公司的变化其实也是符合生物演变的进程的。例如，从身边的餐饮企业来看，坐商时代的企业只需要关注如何让自己身边的食客心满意足；互联网时代后，外卖市场越来越吸引人，这些餐饮企业开始发展两栖技能，一边继续做堂食，另一边尝试外卖订单，这种业务模式的两手准备在新冠肺炎疫情期间让有些餐饮企业仍然能够维持生存。同时，还可以看到有些企业甚至已经开始走得更远，机器人厨师、机器人送餐服务也开始推出，这让餐饮企业如虎添翼，不仅满足了食客更加挑剔和新奇的需要，更让自己由内及外都发生了飞跃。同样，对比身边的教育培训机构也有类似的发现，当人们想当然地认为学而思只是新东方的复制版的时候，张邦鑫却将好未来定位为一家迥然不同的互联网科技公司。

（3）流程的应用注意事项。

在使用生物演变的隐喻流程的时候，有时并不是一定要强调鸟类比鱼类更加优越和领先，而是去体会每一步演变背后的原因，以及演变者自己是如何看待这场变革及为此所做的准备的。

换一个视角，来看以上这20个隐喻流程，也可以分为三类。第一类，有个别流程是没有显著的先后关系的，如迪斯尼之旅里面的几个角色，这意味着在使用的时候，可以将这些角色平行分布出去，让大家同步开展差异化的思考。第二类，占据主体的流程是单向往前发展的连续的过程，如植物和人的成长流程，随着时间的推移可以看到下一个阶段新出现的变化，前后之间既有继承关系又有发展和创新，这符合绝大多数的事件，也便于大家理解。

第三类，是可以循环往复的。如季节的更迭和水滴的旅行，这一类流程在首尾连接的环节可以让人们有更多的发现和思考。例如，四季的更迭过程中，冬天过后必然是春天，这让人们在冬天的时候依然充满信心。选择不同类别的流程，犹如带着不同的眼镜，看到的风景也是有差异的。你可以选择一直戴着某一副眼镜。有时候，试着更换一下你的眼镜，会让你的生活更绚烂多彩。在使用以上这20个隐喻流程时，建议大家最终选择一个作为隐喻流程主体，以让参与者能够容易接受和快速连接隐喻思维为原则，以简单又兼具扩充性的流程为最佳选择，尽量避免两三个流程混合与交织。

4.3 流程隐喻在工作坊设计中的应用

运用流程隐喻简化和生动化逻辑流程

工作坊流程隐喻化路线有三步。第一步简化逻辑流程，也就是将之前已有的流程简化成3~5个流程，如此也方便呈现在工作坊流程海报上。第二步选择常见的隐喻流程，如登山、旅行、取经、蝶变等。尽量将隐喻流程的环节与逻辑流程环节数量保持一致，如逻辑流程是三步，隐喻流程也设计成三步；逻辑流程是五步，隐喻流程也设计成五步。第三步确定融合形式。结合工作坊内容、客户行业、主营产品、团队状态、工作坊时机等要素特征，形成容易被参与者认同、简单清晰且耐人寻味的融合流程。

最终融合后的流程呈现在海报上时，可以只呈现隐喻流程；也可以隐喻流程加逻辑流程（两者可一主一副，可以用不同颜色区分）；也可以将逻辑流程的词汇更换成与流程隐喻相匹配的字眼，如将探索过往的经验更换成探索经验宝藏。

运用流程隐喻重新理解和解读逻辑流程

框架隐喻不仅是理解和解释逻辑模型的重要工具，也是让逻辑模型生动化呈现的重要方式。流程隐喻也可以帮助人们重新理解和解释某些逻辑流程，并让人们在改编逻辑流程的过程中收获对逻辑流程的新认识和发现。接下来，以我熟悉的引导技术中的流程工具为例，看流程隐喻如何重新解读它们。在引导技术的森林体系里面，我一直认为世界咖啡、团队共创、焦点讨论法和欣赏式探询是四个引导师必须掌握的引导流程（引导工具）。

世界咖啡是经典的引导工具方法，对于收集群体智慧、想法碰撞共识和促进组织社群化都有独特的价值。大家都已经知道核心流程就如同蜜蜂采蜜一般，去各个花朵上吸收营养并带去之前花朵的信息，所以只要是在大家串门的时候有前后两桌观点的交流和碰撞就是世界咖啡，无论大家是站着对话还是坐着对话的，无论大家是以什么样的方式记录观点和生成新观点的。

团队共创的核心流程是发散—震荡—收敛的过程，我会立马想到撒网捕鱼的过程。发散的过程就像把网撒出去一样，首先必须聚焦，也就是朝着可能有鱼的方向下网。其次网要尽量撒得开，撒得越开捕捉的机会才越多。震荡环节，就如同网开始触碰到鱼儿一样，鱼儿们奋力挣脱、摩肩接踵、一片混乱。震荡环节也是一个充满了力量跟情绪抗争的过程，有些时候没有一个震荡的过程，也就没有最后收获的喜悦（收获的可能都是死鱼）。最后的收敛就如同收网一样子，要努力将想要的大鱼收入囊中，那些不符合尺寸的小鱼和其他鱼就得放弃掉。

焦点讨论法聚焦会议主题和目标，核心流程包括了呈现事实信息数据、引发感受反应、思考启示价值与引发决定行动四个环节，每个环节都基于前一个环节或前面的环节，最终让行动的想法包含理性和感性的成分。我会把焦点讨论的过程想象为章鱼（八抓鱼）捕食的过程。章鱼的八条触手努力搜寻食物，提示人们在信息收集环节要收集四面八方的、更加完整的信息数据。同时，一旦触碰到可能的食物，章鱼的反应也是飞快的，不管是躲避还是出击，"猎物"的信息如同信号一般传到章鱼的"大脑"，"大脑"会做出快速的分析和决策，最后再由触手（足）做出决定和行动。整个过程，收集到足够的信息是基础和前提，直觉反应和分析判断是促发决定和行动的必要过程。

欣赏式探询与过往的问题解决思路不同是基于优势、发展优势的经典方法论。它首先将各种问题困扰转化为积极的值得探索的话题，然后按照挖掘过往优势、畅想优势未来画面、设计当下优势发展课题和开启优势发展行动的流程，推动组织利用过往的优势解决当下的问题。我在理解欣赏式探询流程的时候会延续宝藏挖掘的观点：从淘金开始，必须对大地、山川、河流保持敬畏，用欣赏和好奇的眼光看待充满要探索的区域。挖掘过往的优势就是淘金的过程。当滤掉沙子见到真金的时候，人们是喜悦的，也是谨慎的。人们要让这些金子继续发挥价值，接下来会畅想这些金子未来会在哪些场合出现、会被哪些人戴在身上，又会如何因为它们而让主人熠熠生辉。总之要让这些好不容易淘到的金子必须发挥到最大的价值。一旦确定了应用场景和画面（假如是婚礼场景），就可以开展设计了。人们拥有足够多的金子，可以想到有一些金子会以首饰的方式出现，有一些金子会以金条的方式出现，有一些金子会以装饰材料的方式出现，有些金子会以礼物的方式出现……设计好了金子的应用方向后，人们要做的不是等待，而是召集大家，让各位能工巧匠各司其职，发挥出他们的鬼斧神工，开启行动。

运用流程隐喻重新反思和改善逻辑流程

记得有一段时间，我家里做豆腐供当地的矿务局食堂，每天一大屉，辛苦而又有成就感……现在做工作坊，发现跟豆腐坊很相似，接下来以工作坊（会议）的流程为本体、以豆腐的制作过程为喻体，来看喻体会给本体哪些启发。

豆腐好吃，制作不易，先给大家普及一下北方豆腐的制作过程。一般需要经历七个流程，分别是备料、浸泡、研磨、煮浆、过滤、点豆腐、成型和成品。

第一步是备料，必须取上等大豆，清水淘洗去除尘土、砂石等杂质。这个过程就好比是工作坊参与者的筛选过程，高水平的参与者方能产出高质量的成果。

第二步是浸泡，就是大豆中加入清水，大豆吸水后变得胀大。这个过程就好比是工作坊前提前发会议通知给大家，让大家提前做内容准备和酝酿，没有准备的参与者被拉入会场会浪费大家的时间。

第三步是研磨，就是将浸泡好的大豆放入石磨中，并连续加入清水研磨，成糊状。这个过程就好比是将大的工作坊主题拆解成小的议题的过程，也好比是将参与者进行重新融合，使其忘记原先身份的过程。没有研磨的痛苦过程，体验往往上不了更高层次。

第四步是煮浆，就是将磨后的豆糊放入锅中煮沸。煮浆的过程就好比是针对议题的对话震荡的过程，各种想法被搅拌在一起。如果不经历高能量的激荡，工作坊一般很难产出有共识的成果。

第五步过滤，就是用小孔纱布将煮好的豆浆过滤，去除其中的豆渣。这其实是一个想法收敛的过程，好的想法会被留下来。

第六步点豆腐，就在豆浆中加入卤水或内酯并不停搅拌，直至豆腐凝固。如果说前面都是物理变化，这一步其实是神奇的化学变化，引导师能否借助提问、整合拔高、反馈、反问等手段催化大家的想法，不仅是其综合实力的表现，也是工作坊化腐朽为神奇的关键环节。少了点豆腐这个关键动作，工作坊就会平淡无奇。

第七步成型和成品，就是将豆腐脑倒于模具中，并挤压出其中的水分，最后去掉模具，豆腐就做好可以食用了。至此，工作坊的成果产出实际上是按照一定的结构和框架出炉了，最后要接受客户和用户的检验和评级。

第 **5** 章

基础隐喻技术 4：故事隐喻

5.1 故事隐喻简介

故事隐喻的内涵与外延

故事本身自带隐喻属性，无论是小时候阅读的故事，还是工作中使用的客户案例，或是上课的时候讲到的一些知识点的案例，其本质都是隐喻故事，都是旨在通过某种程度上的对比来让人们明白一些道理与获得一些启发。

故事隐喻有广义和狭义的区分。广义的故事隐喻，是在各种场景下出现的隐喻故事，包括了人们常见的童话故事、寓言故事等虚拟创作的故事，也包括了现实世界里面真实发生的事件、案例和新闻等。这些故事的出现旨在发挥隐喻的两大基本功能（建构认知和反哺认知）和五大延伸价值（激发参与，促进沟通；贡献场景，活化观点；聚焦关注，滋养想法；厘清关系，清晰思维；突破限制，推动创新）。

狭义的故事隐喻，更多地是指在工作坊这个背景和载体中出现的、旨在推动工作坊目标达成的技术和方法。无论是引导师提前设计和带来的隐喻故事，还是参与者现场分享的隐喻故事，抑或是现场发生的、各方共创的隐喻故事，只要其是符合工作坊的主题、目标和场域的，都是被鼓励和赞扬的。这是因为故事本身的属性能够为工作坊增添色彩和记忆，隐喻本身的属性又能让工作坊参与者体验更丰富。

案例：读隐喻故事学引导

《庖丁解牛》是先秦道家学派代表人物庄子（庄周）的作品。这是一篇寓言故事，原意是用它来说明养生之道的。文章先描述庖丁解牛的高超技艺，再由庖丁阐述他的解牛之道，并借此揭示了做人做事都要顺应自然规律的道理。

今天，我们换个视角品味下这个故事，看它给引导师哪些启示。

从前，有一个叫丁的厨师，特别善于宰牛。梁惠王知道后，便请他为自己宰牛剔肉。（旅程开始了，假如庖丁是引导师，梁惠王就是客户。）

庖丁宰牛剔肉时，凡是他手碰到的地方、肩靠到的地方、脚踩到的地方、膝盖顶着的地方，都发出淅沥沥、哗啦啦和谐的响声。只见他挥刀一刺，哗的一声，骨肉更分开了。一切声响，都和音乐的节奏一样，姿势优美，犹如古代的《桑林》之舞；动听的声音，仿佛是古乐《咸池》的旋律。看到这里，梁惠王拍手称赞说："啊，太好了！太好了！技术怎么能达到如此神奇的境地呢？！"（反思和觉察：引导师的工作能否如此干净利索，能否让客户如同欣赏一幅作品一般印象深刻和交口称赞呢？）

厨师丁放下刀子回答说："我知道宰牛的规律，这比掌握一般的宰牛技术更进一步。我刚开始宰牛的时候，眼中所见的是一头完整的牛，不知从什么地方才可以进刀。三年以后，我对牛体结构已完全了解，呈现在眼前的，已不再是一头完整的牛了，我知道该怎样剖开牛体。到了现在，我宰牛的时候，不用眼睛去看，而是凭精神去接触牛体，感觉器官的功能都不用了，精神的作用活跃起来了。"（这个过程多像引导师成长的历程。宋代禅宗大师青原行思提出参禅的三重境界：参禅之初，看山是山，看水是水；禅有悟时，看山不是山，看水不是水；禅中彻悟，看山仍然是山，看水仍然是水。王国维在《人间词话》中也说道，古今之成大事业、大学问者，必经过三种之境界："昨夜西风凋碧树，独上高楼，望尽天涯路。"此第一境也。"衣带渐宽终不悔，为伊消得人憔悴。"此第二境也。"众里寻他千百度，蓦然回首，那人却在灯火阑珊处。"此第三境也。殊途同归，大道至简。现在庖丁回顾了他的成长之路，就如同我们刚开始对引导技术的懵懵懂懂；三年学习和实践后，开始对引导的过程非常熟悉；而又过了若干年后，对引导和工作坊更多的是一种特殊感觉，是存乎于脑海和心中的一种模糊又亲切的感受，这种触摸的预感就好像一个老戏骨在上场之前就已经把这场工作坊过了一遍一样，每个角色、每个重要时刻、整体的剧情脉络似乎就在眼前，新鲜又好奇，而自己则可以像一个导演一般如此地自信和充满期待。）

说到这儿，厨师丁见梁惠王大惑不解的样子，又接着解释道："在肢解牛体时，要顺着牛体的自然生理结构，把刀子插进筋骨间缝隙，通过骨节间的孔道，一切动作都完全顺着牛体结构本来的样子进行。刀子所经过的地方，连经络、筋腱都没有碰过，更何况那些大骨头呢。好的厨师，一年换一把刀，这是因为他们要用刀割肉；那些一般的厨师，一个月换一把刀，这是因为他们在肢解牛体时，要用刀子去砍骨头。"说到这儿，厨师丁拿起自己的刀，掂了掂说道："我的这把刀，已经用了19年了，宰的牛也有几千头了，然而刀锋还像刚刚在磨刀石上磨过一样锋利。要知道，牛的骨节之间是有空隙的，刀锋却薄得几乎没有厚度，把这样的刀锋插入有空隙的骨缝中去是宽宽绰绰的，舞动刀子也有回旋的余地。19年过去了，我的刀子还是这样的锋利。尽管如此，我也从不掉以轻心，每当遇到筋骨交错聚结的地方，我便把动作放慢，下刀也很轻。"（这个环节，经过庖丁解释，我们终于看出生手和熟手的差别了。简单来说，生手费刀费神，因为他不懂工作坊的结构和脉络，碰到硬骨头不知道回身调转，而经验丰富的引导师则能游刃有余地存在于工作坊中。到底是引导师在引导场域，还是场域在引导引导师呢？19年过去了，引导师的生存武器不是变得迟钝，而是依然锋利；同时，引导师对工作坊还保持着一份敬畏之心，不会把经验乱用，而是在遇到难啃的骨头的时候，懂得放慢速度，小心翼翼地试探前行，这一段描述将优秀的引导师和普通的引导师清晰地区分出来。）

"当牛体哗的一下分开，像泥土一样散落在地上时，我便提刀站立，环顾四周，从容自得，心满意足，把刀子擦拭干净，好好地收藏起来。"（这段描述了引导师在工作坊成功后轻松自得的心情，这种心情，就如同蜂农割完蜂蜜后，舔舐下手上的蜂蜜一般温馨，也像田间地头的农夫咀嚼着馒头、香甜轻松地看着禾苗在茁壮地成长，这份犒赏，是保持初心和人生平衡的重要法宝。）

听到这里，梁惠王说："太妙了！有幸听你的这番话，我从中悟出了养生的大道理啊！"（工作坊结束，引导师实现了阶段目标，给客户了一个交代。能不能让客户透过引导示范而反思和觉察自己的工作模式和管理方式？我相信，大师级的引导师不只是完成了预定的目标、超越了客户的期望，而是在所到之处传播引导的理念和文化，让引导的力量在客户的组织中悄然发芽……）

隐喻故事的来源

隐喻故事来自生活，又超越了生活。每个民族都有自己的隐喻故事，寓言故事、童话故事和历史故事可谓是隐喻故事的三大宝库，而文学故事和现实故事又将这三大宝库进行了改建和扩容。刚开始接触隐喻故事的人会很着急地搜索隐喻故事，如同我刚开始接触引导技术那会儿疯狂地学习各种技术工具一样。冷静下来，就会发现工作坊中隐喻故事有三大来源。

1. 由引导师创建隐喻

主要有三种方式，一是引导师根据工作坊设计需要，引经据典，以自己讲授为主、引入的他人的或经典的隐喻故事（类似《石头汤的故事》）；二是根据需要，以自己讲授为主、引入的与个人经历相关的一个隐喻故事；三是依据需要传递的要求，在原有故事的基础上进行改编和重新再创造一个隐喻故事。

其中，选用第一种方式时，引导师一般需要注意故事的新鲜性、贴合性和启发性，避免自说自话或与参与者缺乏连接；选用第二种方式时，更需要注意故事的真实感、曲折性和完整性，避免大家无法进入你的故事；选用第三种方式时，需要注意故事要点的传递，既要适度开放又不能过于直接，同时还要与客户的当前问题有相关性。

2. 由参与者创建隐喻

主要有三种方式，一是由参与者自发自觉地讲述隐喻故事，毕竟人生本身就是故事，人人都有故事，人人都可以讲述故事；二是引导师激发参与者分享和贡献隐喻故事，尤其在经验交流和团队融合类工作坊中，激发大家讲故事是隐喻引导师的基本工作；三是由参与者相互带动、相互叠加、创建更多的隐喻故事，如张三讲到了在腾讯的工作故事，李四听了后说了他在阿里的工作故事，两个故事主题、情景、挑战类似，但是做法不同。

3. 共同合力创建隐喻

隐喻故事可以由引导师提出一个场景和框架，然后由参与者共同合力完成这个隐喻故事，这个过程让我想起了《大话西游》的产生过程，据说现场根本就没有剧本，是由导演、编剧、演员在现场即兴创作、反复推演而成的。相比较狭义的故事隐喻，这种方式是更狭义的故事隐喻（在《引导改变培训——从课程设计到工作坊设计》一书中我称为情景故事），我在工作坊设计与引导中特别喜欢使用这种方式，因为这种方式有三大特点，一是保持了故事的开放性和新鲜度，二是坚持了引导的共创精神；三是有显著的成果产出。当然，这也对引导师的隐喻故事设计能力和工作坊设计能力提出了更高的挑战和要求。

5.2 故事隐喻的效果

故事的隐喻效果与三个关键因素有关，一是故事出现的时机和场景，二是故事讲述人，三是故事所蕴含的隐喻层级。

首先，故事隐喻效果是分时机和场景的。有时一个简单的隐喻会一下子触动你的内心，而这个故事之前对你来说早已经司空见惯。在我职业生涯的转型期间，听到了《鲨鱼和鱼缸》的故事，给我很大的触动，我当时就扪心自问了下，如果自己是一条鲨鱼，待在鱼缸里会让自己成为真正的鲨鱼吗？很快我的答案与发现是鲨鱼只有回归大海才能成长为鲨鱼，而离开受限制的公司和行业，才能让我获得真正的自由。在对的时间和情景下，一个小故事有时就可以轻松地切入你的内心，帮助你打开一个心结、转变一个观念，这也是叙事疗法的机理。

其次，故事隐喻的效果受讲述人的影响。一个好的隐喻故事遇到了一位糟糕的讲述者，只会让人觉得稀松平常；而遇到了讲故事的高手，则可以枯木逢春。讲故事的感染力背后，其实是讲述者能否带领聆听者进入隐喻空间的能力，能否在隐喻空间里继续探索并发现宝藏的能力，以及回归现实带回宝藏的能力。也正因为如此，从工作坊设计的实际出发，为了确保稳定的效果，引导师更应该学会"共同合力创建隐喻"这种方式。

最后，故事隐喻的效果还与隐喻层级有关。好的隐喻故事必须符合隐喻的特征、隐喻生产标准（可以回看第1章的内容），差异性太大让人精神恍惚、不明其理，差异性太小让人觉得没有思考空间。如果你没有看过《盗梦空间》，或许不太能理解隐喻层级。下面我给大家分享一个示例来说明这个概念。

在动画电影《心灵奇旅》中，主人公乔是个中学乐团老师，在他心目中，一直有个不敢说出口的爵士梦，他说："如果我能和多萝西娅（当地最好的爵士乐手）一起表演，我一定会幸福地死去！"可当乔终于实现了梦想后，他自己却陷入了迷茫。他将自己的疑问讲给多萝西娅。多萝西娅分享了一条小鱼找大海的故事。一条小鱼游向一条大鱼说："我想要找他们说的那片海。""海？"大鱼说，"你现在就在海里。""这个，"小鱼说，"这是水。我要找的是海！"

讲到这里后，电影很快到了下一个镜头，如果不厘清隐喻关系、不结合电影的导演想要传递的观点，我估计很多人看完这一段都会有点迷茫，不知道这个故事想要传递的真正含义。

我给大家分三个层次来解读这个隐喻故事。

第一个层次，介绍隐喻关系。在这个隐喻故事里，多萝西娅把乔比作了那条小鱼，把自己当成那条见多识广的大鱼。她认为乔已然身处大海，也就是已经是最好爵士俱乐部的一员了。

第二个层次，分析原因。乔无法将头脑中的大海与现实中的大海连接在一起的重要原因是：乔在过去没有分清楚什么是目标、什么是愿景或者说是梦想。其实，对乔来说目标是一个点，即与多萝西娅一起合作演奏爵士乐，而愿景是一个状态和画面，是动态的场景。

乔把目标当作愿景追寻了。

我在孟买通过认证引导师考试后也是如此，感觉到空虚。这是因为过往努力的动机和动力支撑不是长期的愿景，而是一个阶段性的目标，目标达成就感觉没劲了。

第三个层次，就是大鱼或者说导演所要传递的保持正念的信息，又有三小点。一是人们要有目标，但是长期的愿景和实现愿景的过程更重要，人们不应该只盯着眼前的目标，而忽略了过程的欢乐和沿途的风景；二是追求目标的过程是美好的，需要人们身心一致地拥抱和享受，而不是每天都活在未来；三是目标达成，意味着人们进入新的环境和状态，要做的不是活在过去，而是向前看，去追求新环境下的新目标，并且要享受当下。

通过以上这个案例，可以发现隐喻故事有多个层次，不仅可以满足不同群体的理解水平，还可以让故事在人们脑海中存储的时间更持久，留白和多视角思考带来的隐喻效果也会因此而翻倍。

5.3 隐喻故事设计与改编

以下重点来看"共同合力创建隐喻"这种在工作坊设计中难度与挑战最

大的故事隐喻手法。

从传统的讲授故事到共同合力创建隐喻故事，不变的是仍然坚持一个故事的基本解构，也就是要有情景角色关系、挑战性任务和行动策略；同时，需要引导师在一开始就创造一个虚拟存在的隐喻空间，确保参与者能够浸入故事情景中，并随着故事的进展，巧妙地设计隐喻挑战。然后再由参与者合力一起研讨应对挑战的策略与方法。整个设计的过程有三个关键点。一是要开发或发掘与工作坊议题背景相似的故事原型，既要让大家接触到一个轻松有趣味的课题，又要让大家感觉到与现实之间有一定的关联感；二是融入道理相似的冲突，确保参与者看似在面对隐喻故事中的问题，但实际上又是在解决现实中的问题；三是赋予故事中的原型角色新的任务，一方面是这是改编的需要，另一方面是为了衔接参与者现场的工作任务。

五个隐喻故事示例

我在"让管理者开好研讨会©"课程的第二天下午安排了隐喻剧场®，以检验前期所学，以及教授大家如何在会议中应对常见的冲突。为此，我设计了五个隐喻故事剧本（版权课程内容），其中前两个是基于《西游记》背景设计的、后三个是基于《水浒传》背景设计的。希望大家能够依据隐喻故事的设计原理、故事结构及剧本示例，设计出自己课程或工作坊中的个性化隐喻故事剧本。

♀ 故事剧本一

西天取经成功后，唐僧团队受到了唐太宗李世民的接见，太宗龙颜大悦，决定组织举办一天的取经团队庆功会……

庆功会一开始，孙悟空很兴奋，当仁不让地分享取经的故事，众人洗耳恭听。不想，大圣一讲起来，犹如黄河泛滥，一发而不可收，连八戒都插不上嘴……两小时过去了，唐太宗也有点开始坐不住了……大臣魏征，提出来主持下庆功会，太宗立即答应……

冲突与挑战：如何管理"大嗓门"的人，让庆功会取得成功？

请小组成员，试着先还原会议场景，并大胆创新，发展这个场景……

📍 故事剧本二

西天取经成功后，唐太宗李世民龙颜大悦，对唐僧团队赞赏有加，并决定召开一天的"经验分享会"，文武百官、三省六部、三宫六院代表及长安周边大寺庙的主持方丈都得以参加……显然，文官代表喜欢听唐僧讲、武官代表喜欢听大圣讲、三省六部代表想听沙僧讲、三宫六院代表喜欢听八戒讲……宰相房玄龄深知太宗召开此次分享会不只是为分享取经故事，于是提议自己来主持会议……

冲突与挑战：如何在分享者、参与者和发起人之间构建连接？

请小组成员，试着先还原会议场景，并大胆创新，发展这个场景……

📍 故事剧本三

近些日子，各路英雄豪杰纷纷加入梁山水泊，梁山队伍日渐壮大。闲来无事，不少兄弟贪恋吃酒，吃酒后又喜欢比武，常有误伤，不甘失败的一方甚至开始拉帮结派……不少想洁身自好的兄弟也被排挤，无法立足的兄弟越来越多地打算离开……如此，梁山危矣！

宋江决定在聚义厅召集大家开会商议下，梁山到底该何去何从，如何改变当前混乱无章的局面……军师吴用承担引导工作……

冲突与挑战：如何引导各路豪杰对未来的发展出路达成共识？

请小组成员，试着先还原会议场景，并大胆假设和创新，发展场景……

📍 故事剧本四

梁山水泊，一日，宋江宋头领召集众人开会，商议梁山的生存和经营问题。原来，梁山人马越来越多，粮草、吃穿用品、住宿等纷纷告急，且不少元老级的兄弟整日喝酒吃肉，贡献极少，开销却极大，新来的兄弟辛苦付出却敢怒不敢言，连续几日只能用红薯果腹……

聚义厅会议现场，除李逵提出了想法外，其他人都情绪低落、忧心忡忡、沉默不语……一看这个情况，公孙胜承担引导工作……

冲突与挑战：如何共创出共识共行的良策来重振团队士气？

请小组成员，试着先还原会议场景，并大胆假设和创新，发展场景……

📍 故事剧本五

梁山水泊，一日，柴进柴大官人集众人开会，商议梁山周边土地的经营问题。原来，梁山现有50亩地，有旱地，也有湿地，有人提议种植玉米，理由包括可以解决粮食问题、容易种植等；有人提议种植大豆，说经济价值更高、可以去换粮食；也有人提议种植水稻，说还可以套养稻花鱼……原来各位英雄出身、工作经历不同，观点一时争执不下，甚至开始言语攻击和人身攻击起来……

此时，神算子蒋敬主动请缨，担当起会议引导师的角色……

冲突与挑战：在大家想法看起来相左时，如何引导达成更深共识？

请小组成员，试着先还原会议场景，并大胆创新，发展这个场景……

隐喻故事剧本有四个设计注意事项。一是避免使用过于生僻和太个性的故事剧本，否则隐喻故事与真实问题之间的差异性太大或没有借鉴意义，效果就不够好；二是避免故事剧本结果缺乏延展性，如果选择历史典故，则尽量不要选择人尽皆知、已有定论的那种，最好要做些修改，如此才不会限制大家的想象空间和创造性；三是避免故事剧本信息过于繁杂，要确保验证的认知成果或技能成果足够聚焦和统一（与前期所学），避免造成注意力干扰；四是避免故事剧本缺乏冲突，否则故事就很可能变得平庸寡淡。

5.4 隐喻故事在工作坊设计中的应用

无论是哪种创建方式，无论隐喻故事长短大小，重点在于隐喻故事本身自带的论点要义、隐喻建构认知与反哺认知的功能效果。针对企业内部工作坊在故事本身的创造上，引导师需要让故事更加符合企业场景，以更好地服务组织目标；同时，可以更多地发挥引导共创和群体对话的魅力，让参与者把关注焦点放在运用认知和技能解决问题矛盾上来。

借助隐喻故事构建隐喻氛围和对话机会

在工作坊一开始，引导师可以一反过往开场的套路，不去介绍自己、不去介绍工作坊的流程（这些已经视觉化地呈现在墙面上了），而是直接讲述一个隐喻故事，将大家带入故事的隐喻空间里，从而让参与者产生极大的好奇心和新鲜感。隐喻故事像一个阳光照射下的多棱镜一般熠熠生辉，参与者的投入状态与对话的氛围也跟随着故事构建起来。开场的隐喻故事尽量由引导师挑选或改编设计，故事的结局可以有方向，但是不能有固定的标准答案。隐喻故事用在开场一般有三个流程。一是讲述隐喻故事；二是抛出问题并组织大家讨论；三是在大家的分享基础上，进一步收敛和明确故事的基本要义。

我曾经用过这样一个木匠师傅的故事在"工作坊设计©"课堂上。从前有一个木匠师傅，专门为人雕刻佛像，同时他带着两个徒弟，一个叫阿胖，另一个叫阿瘦。三年间两人勤勤恳恳地跟着师傅学习各种雕刻技艺。有时候阿胖故意将二人的作品混在师傅的作品里面，有些客户也分不清楚，两人都很高兴。有一天阿胖和阿瘦一起告诉师傅，说想要离开了，去自立门户开一家自己的雕刻店。师傅没有说别的，就说了一句："我先干完这件作品。"第二天，两人收拾好行李，师傅送两人出门，然后说："你们跟随我三年了，基本的雕刻技艺都学会了。我做雕刻已经七年了，你们知道学习雕刻三年的我跟现在的我相比，最大的区别是什么吗？想一想，告诉我，这个问题对于你们接下来的生存和发展很重要。"接下来，请大家猜一下，三年木匠和七年木匠的区别可能是什么呢？

借助隐喻故事用生动化贡献案例与方法

工作坊的前场一般要么明确问题背后的问题，要么探询问题背后的需要或目标。隐喻故事在前场出现本身可以为大家呈现一个示例，提供方法与工具，推动大家开展问题的澄清或目标设计。例如，延续木匠师傅的故事，引导师可以借助提问，让大家回顾思考哪些区别是表面层次的，哪些区别是更深层次的，哪些区别是木匠师傅希望两个徒弟能领悟到的，哪些又是两个徒弟可能理解不到的，木匠师傅这样做的目的或目标是什么。通过木匠师傅的提问，你学到了哪些探索问题的方法呢？接下来，如何使用这些方法在当前的问题澄清上呢？

借助隐喻故事推动反思觉察或增加资源

工作坊的中场是解决问题的关键时刻，参与者很容易陷入过往解决问题的模式中或者无法找到解决问题的更有创造性的解决方案。此时，引导师可以使用隐喻故事为大家赋能，要么贡献新的解决问题的思维方式或视角，要么推动大家反思觉察过往的模式，要么让大家在故事的相似性中直接找到解决方法。在某次两天工作坊的中间，发起人对大家的解决思路的创造性不够。我第二天一开场就分享了一个故事，讲述了我在另一家单位的类似主题的工作坊的经历：大家刚开始很轻松地完成了方案，可是过后很多人事后反馈说方案其实还可以更加有创造性，但是在现场的时候不知道发生了什么，大家都没有更加大胆地去想，也没有去洞察客户真正的需要是什么……所以我提出希望大家从这个经历中汲取经验和教训，让产出更有创造性，哪怕在工作坊过后，都对自己的创意感到兴奋和自豪。

借助隐喻故事推动应用与实践

越到工作坊的后半段，隐喻故事的相似性就会越多一点，如此可以更加明确地帮助或提示参与者将工作坊的成果完善和应用起来。隐喻故事在尾场出现，要么是为了让大家进一步夯实学习成果，确认收获；要么是为了引导大家提前思考成果落地的影响因素；要么是引导参与者朝着积极的方向看待本次工作坊。

接着木匠师傅的故事。引导师可以在尾场的时候，继续讲这个故事……阿瘦听完阿胖的分享后，自己也在琢磨，想起之前师傅与客户接触的那些场景，想起师傅花大把时间与客户沟通的画面，想起师傅如何将制作的过程与成品的特征相结合地向客户做展示说明……忽然间发现自己所关注的、所学到的只是成为一个优秀木匠师傅的一小部分，于是放下了行囊，决定再与师傅学习三年……阿胖呢，则不然，他想师傅的这一切的确很厉害，可是他要去的地方跟师傅这里不一样，只要他有"金刚钻"，他一定能揽"瓷器活"，他需要的是经历与尝试，于是毅然决然地离开了……你如何评价两位徒弟的不同做法呢？假如是你，你会做出第三种选择吗？

第 **6** 章

升级工作坊设计
的延展隐喻技术

传统的教学活动有着自己的场景和分类，整体上可以分为三大类。一是辅助教学开展的游戏活动，如旨在促进人际连接、增加现场能量、营造轻松氛围的；二是支持教学目标达成的教学方式，如案例教学、知识竞赛、情景模拟等；三是促进学员参与的学习活动，如提问、研讨对话、总结复述等基础性教学活动。从隐喻的价值启示看，第一类教学活动和第二类教学活动都有升级的空间和必要。第一类教学活动需要与现场的主题和问题更加紧密地结合，以确保大家在游戏的过程中也有收获；第二类教学活动需要增加现场共创的成分，以让全程不仅服务于单一的教学目标，还有更多新鲜内容的产生和真实问题的解决。

不少传统教学活动在隐喻的设计和使用方面往往是无意识的，所以当人们发现某些经典的教学活动很好用也很管用的时候，并不知道它为什么能够出效果，长此以往，很容易陷入两个极端。一是成为教学活动工具控，只要听到某某课程是关于教学活动工具的，就失去理性地学，而不管是不是自己所需要的和欠缺的；二是无法做到举一反三，自己所掌握的教学活动工具全都是复制别人的，不敢做任何变动不说，在转手交付时还面临版权问题和道德压力。

本章将介绍一些将基础隐喻技术与工作坊设计活动相结合的一些延展隐喻技术和隐喻技术手法，包括环境打造、连接资源、重建关系、催化成果等，以让大家对隐喻技术有更多的体会、理解和参照。希望大家在见识了隐喻包装、升级和萃取培训演绎与现场引导的工具活动价值之后，能够二次开发或创造出具有个人色彩的专属技术或工具方法。

6.1 环境打造

依据引导的原理一：空间与场域的变化引发不一样的表现（参考《基于引导技术的工作坊设计》），有经验的引导师会想方设法地将工作坊打造成为一个第三空间，有助于营造安全的对话氛围、调动参与者的积极性和达成良好的体验目标。运用隐喻思维对工作坊现场进行环境打造，包括会场布局设计与调整、会场墙面规划设计、会场道具物料海报布置、会场光线音乐气味管理等。本节只介绍会场布局设计与调整，因为这是培训师与引导师开展工作坊最基本、最重要和最简单的准备工作。

有一次做工作坊，到现场才发现场地与照片上有很大的不同。客户之前安排的教室很明朗开阔，但是桌椅太重移动起来很费劲，然后我就询问有无备选的教室。客户带我去看隔壁的小教室，墙面完整很适合工作坊需要，可惜空间比较小，斟酌比较再三，最终我确定就选择这个小教室……现场撤掉桌子，留下凳子。工作坊开场的时候，参与者坐进来后现场变得局促起来，有的参与者就问为何不在隔壁大教室"上课"，我用了一个隐喻回答，隔壁教室就像一个井形农田，开阔的同时让我们只能彼此远远地相望，而我们这个现在的小教室就像一个温暖的大石榴，大家紧紧拥在一起，更方便我们看到彼此……

从传统的角度看，人们对所处环境空间的感受直接影响人们的运势和状态。这背后的一个理解是好的空间满足人们的需要、让人心情愉悦和舒畅，而幽闭别扭的空间与布局则让人莫名地不自在和不舒服，这也是很多人仍然执着于自己亲力亲为地去装修和改造房子的一个重要原因。这背后反映的其实是"物为我用"的主体思想。

会议室的设计反映所在单位的文化,既是一门科学,也是一种艺术。互联网公司追求平等、开放与效率,由此大的会议室多是直接的大开间,中间一般都不会放置沉重的桌椅;而很多国企的大会议室则往往都有高高的讲台、庄重的桌子和整齐摆放的椅子,这反映了很多国企追求秩序和仪式感的文化。空间布局会影响人们的参与方式和言谈举止,很多人都习惯了顺应空间布局的"安排"。分享两个我印象深刻的场景,一是在服务某甲方国企的时候,终于有了访谈老板的机会,老板坐在深棕色宽大的办公桌后面的大椅子上,我跟同事坐在距离老板近十米远的桌子上,我甚至都看不清老板的脸,办公室主任坐在我跟老板中间的侧面位置,窗外的阳光洒进来,我不记得我应该说什么和实际说了什么,但是只记得自己唯唯诺诺的……还有一个场景也是在某甲方国企,我们作为咨询顾问给老板建议走动式管理以拉近与办公室人员的距离,老板也真听从了我们的建议。当陪同走访的时候,进入人力资源部门负责人的办公室时,她看到老板进来后,让了自己的座位,于是我们看到一副这样的画面,老板很不舒服地坐在人力资源部门负责人的位置上,人力资源部门负责人则站着一旁倾听老板的问候……现在想来有些滑稽……当时也瞬间理解了为什么去老板办公室汇报工作和思想更适合国企,以及谈合作时最好把客户约出来……

如同会议室的布局会影响现场的对话效果,教室空间的布局也影响参与的氛围和互动的效果。在教学过程中,我们经常遇到以下布局,有些情况下我们不方便更改既定的布局(不定期地改变一下你会收获到惊奇的效果),

此时摆脱布局的局限，发挥其潜能就变得至关重要。接下来介绍三种常见布局的隐喻化处理示例，希望可以抛砖引玉，激发大家更多的隐喻空间打造的创意形式和手法。

第一种圆圈布局

全场围坐在一起，恰似一个圆环，看不到起点和终点，所有参与者看起来都是平等的。单层圆圈场地，特别适合群体开展对话，同时，彼此可见，彼此约束。

借助隐喻进行热场：开场，引导师提出现场是一串特殊珍珠的隐喻，每个人都是这串珍珠上的一颗宝石。由此，接下来每个参考者可以告诉大家自己是一颗什么样的宝石……你会发现，在想象和描述心中宝石的特征与功用的过程中，全场彼此连接与欣赏的氛围也在酝酿……

借助隐喻开展能量活动：课间，引导师将现场隐喻为海上漂浮的圆桶木船，海浪会推动木船做出高低起伏的变化和左右的晃动位移，邀请所有手拉手、肩并肩，然后试着模仿海风袭来和海浪袭来后我们作为一个整体的反应，全场气氛顿时变得活跃，尤其不知道海风和海浪从何袭来的时候……相同的道理，引导师还可以将现场隐喻为一棵超大的发财树，抖动为大家带来金钱……

借助隐喻开展流程设计：引导师可以尝试将工作坊的流程呈现在现场。如将现场隐喻为一座山峰，大家所处的位置是山脚的位置，圆圈的中心点是我们的目标——山顶，让各小组设计到达山顶的路线，让大家衡量所处的位置、与山顶的距离，让大家看清楚达成目标的障碍，以及克服目标所需要携带的装备和资源……当各个小组的实现路线规划出来的时候，再让大家在大海报上绘制出来，以追求最佳路线组合和资源组合……

第二种岛式布局

不管是方桌还是圆桌，各个小组像岛屿一样独立与相望，要么整体上呈现整齐的岛屿，要么整体上呈现V形或更复杂的造型……这是培训课堂的典型布局之一，特别适合进行小组合作学习和积分制竞争设计。

每个小组变成一个竞标公司：我们可以将各个小组隐喻为正在竞标的公司，相互之间往往存在一定的竞争关系，可以全场设计一个胜出公司，也可以分项竞争，每项指标都有一位胜出公司……某一个小组贡献答案的时候，其他小组的目标就是要比对方贡献更有新意或质量的答案……整场下来，引导师依据指标由各个小组依据表现带领大家进行打分统计……

每个小组变成一个功能区域：将全场隐喻为一个元宵节的公园，每个小组就是公园的一处功能区间，各个小组选定好功能区间后，就负责扮演好这个功能区间，如娱乐功能小组就负责为大家制造欢乐气氛，知识区域的小组则负责出题考试……这与大家将现场设计成为电视节目的不同频道类似……

每个小组变成一个宝藏矿区：在工作坊的过程中或快结束的时候，让每个小组分享自己收获和发现的宝藏，现场按照之形路线分享，紧临的小组需要在前者的基础上描述不同的发现和收获，现场会像知识接龙一般，收集到不同且丰富的想法。

第三种U形布局

U形布局也是培训和研讨会中经常出现的空间布局方式，U形布局突出了主持人或讲师的重要性，同时比传统的排排坐的形式增强了互动的可能性，算是保守迈向开放的过渡空间形式。

让现场变为一个自然的导管：U形布局一下会让人想起导管，我们也会发现U形布局最靠近主持人和讲者的参与者往往是特殊的角色，要么自带影响力，要么互动积极性比较高。由此，主持人和讲者可以发挥好他们的角色，让大家进行观点传递，并对比起点和终点观点传输的差异……

让现场变为一个神奇的山谷：山谷的左边为起点，山谷的右边为终点，中间为山谷的平坦之地或瓶颈关卡点，左边的人负责围绕主题依次提出相关的问题，中间的人负责进行聚焦问题或指出问题背后的问题，右边的人负责依次提出解决策略……

让现场变为一个分层的漏斗：在主持人的引导和记录下，将U形布局下的参与者按照距离远近安排不同的任务，如由近及远，靠近主持人的五组负责发散想法（每一组都由U形左边和右边的参与者组成，按照之形路线走），中间距离的三组负责归类想法，最远的小组（一般不超过五个人）负责收敛想法或决议……

除了现实的隐喻空间打造，优秀的引导师更懂得在参与者上空构建虚拟的隐喻空间，这个空间是一个资源宝库，不仅可以让参与者能够从中获取更多资源并映射回馈到现实空间中，还可以让参与者体会到现实空间中可能缺乏的轻松、愉悦和休闲感。

6.2 破冰开场

三类常见隐喻开场

工作坊一开场就要营造不同于办公室环境的氛围，由此开场的破冰、连接与暖场的工作至关重要。好的开场有助于参与者调整状态进入隐喻空间，并有助于营造对话的场域和为真正的研讨或学习工作做好铺垫与准备。常见的隐喻开场形式有三类。

第一类团建型，让组内成员快速地相互熟悉、增强团队合作意识与竞争的氛围。团建式隐喻开场的关键是团队标杆名称、团队隐喻形象及团队口号三方面的内容。有经验的引导师会启发大家朝着隐喻的方向去思考，如结合工作坊主题与流程安排、团队成员背景组成及团队学习参与期望等，同时，也会预先提醒或干预团队名称的起名方式，避免"三男两女队""打工队""干饭队"等缺乏隐喻想象空间的名称，或者本体喻体差别过大的团队名称。团建型隐喻开场过后，隐喻引导师还应在工作坊过程中持续增强小组团队与团队隐喻名称的关联，或者试着让大家持续完善团队的隐喻画像，以确保小组在现实与隐喻空间之间保持若即若离的连接感和喜悦感。

第二类故事型，引导师讲授一个完整的隐喻故事或带领大家研讨一个半开放型的隐喻故事。在工作坊一开场直接将参与者带入隐喻故事中，会让参与者产生非常大的好奇心与新奇感，参与者来到工作坊之前所携带的一些情绪、疑问或者想法会在故事中不断地过滤；隐喻故事讲完或者带领完毕后，参与者的整体状态会与来之前有很大的不同。当然，选择隐喻故事开场也有一定的冒险色彩，能否跨越参与者的顾虑与怀疑、能否找到或者设计出好的隐喻故事，以及现场讲授与带领的技巧等都会影响隐喻故事开场的效果。特别强调的是，在选择故事时，引导师尽量选择有一定层次、更有启发空间和想象空间的故事，尽量避免答案锁死的故事，或者与工作坊主题、参与者关联不大的故事。

第三类提问型，引导师借力隐喻框架或隐喻道具抛出问句，让工作坊参与者更加安全轻松地呈现和分享更多的信息。例如，引导师选择一棵大树作为框架背景，邀请参与者贡献关于引导技术的树根、树干、树冠三个部分的内容信息；或者选择大山作为框架背景，直接让参与者标注自己所在的位置，以及该阶段的引导师所应该具备的关键素质。除了选择隐喻框架，引导师也常借用一些道具物料进行隐喻式开场，如不管三七二十一，先让小组成员完成一次塔形建筑的共创活动或绘制期望的工作坊学习旅程，或者借助毛根儿编制一个自己喜欢的动物，然后以"我是一只……"的方式花样地介绍自己，或者运用手中的隐喻图片阐述当下的心情感受。不管是借力隐喻框架还是隐喻道具，结合工作坊主题与目标需要，抛出一个又一个简单而有隐喻思维的问句都应是隐喻引导师设计开场的重心。

角色隐喻开场

我经常带我女儿去一家日料餐厅吃饭，这家餐厅的料理说不上好坏、价格也说不上便宜，每次去其实都是我女儿拉着我进去的。女儿这样执着，原因很简单，是因为门口有一个衣服道具间，如可以换上一身漂亮的和服并装扮一下，再进去点餐。

角色隐喻开场的目的，就是让参与者迅速地忘却自己固有的职业角色而进入隐喻的角色，让一群参与者迅速地从工作状态和工作关系进入一个隐喻的游戏空间里。角色隐喻开场需要引导师多费点心思做一些准备，常用的资源、方法有三种。

一是直接使用独立的角色卡。参与者入场调查时随机选择一个角色卡，进去后引导师再来交代各个角色的使命与任务。例如，拿到天使卡的人需要至少对小组中的三人表达欣赏；拿到魔鬼卡的人至少需要捣乱三次且每次捣乱都能增添课堂氛围等。

二是借助有魔法的角色道具。每种道具可以都有使用说明，也可以都有两面功能性，由此让参与者拥有更多发挥的空间。例如，某人拿到一个镜子，可以自我进行反思，也可以要求某人进行自省。

三是提前设计隐喻角色组合。例如，拿到水浒角色卡的人需要快速地匹配角色，并告知大家缘由（类似团建）。同理，拿到西游记人物角色卡的人在开场时根据每个人的特点重新分配角色，过程中大家待在各自的小组中，第一天结束过后聚会一次，商议如何以西游记的方式做第二天工作坊的开场。

隐喻教练®图卡开场

在工作坊开场环节，我经常借助隐喻教练®图卡的方式开场，我发现现场工作坊的参与氛围和彼此倾听、分享对话的氛围很容易营造起来。现场大家常常围圈而坐，我会把隐喻教练®图卡在场地中间的对话布上展开，然后带领大家开展一到三轮的对话（依据人数，依次分享或组内进行对话）。

📍**【隐喻教练®图卡破冰开场示范1】**

邀请大家凭借第一印象选择一张隐喻教练®图卡，然后找1~3人，现场分三轮分享，每一轮一个新话题。

第一轮：我为什么选择了这张卡片？我对这张卡片的解读是……

第二轮：结合最近的工作和生活，这张卡片给我的启示是……

第三轮：现在试着改变这张卡片，添加进去新的意象，或者把这张卡片放进更大的图像中，试着描述……

📍**【隐喻教练®图卡破冰开场示范2】**

依旧邀请大家凭借第一印象选择一张隐喻教练®图卡，换一组问句。

第一轮：我为什么选择了这张卡片？我对这张卡片的解读是……

第二轮：结合今天工作坊的主题，这张卡片给我的启示是……

第三轮：试着将多张隐喻教练®图卡连接成一个故事并点出故事意义……

📍**【隐喻教练®图卡破冰开场示范3】**

在岁末年初的工作坊，运用隐喻教练®图卡开场时，我还会再换一组问句。

第一轮：请结合卡片联想回忆，分享过去一年印象深刻的事件。

第二轮：请带着卡片回到现实，结合主题分享当下的心情感受。

第三轮：请带着卡片走向未来，结合主题分享未来期望的画面。

总结一下，隐喻教练®图卡破冰开场的常规操作可以分成四个关键步骤。一是让参与者随机选择若干图卡，二是让参与者阐述对图卡表层理解，三是将图卡与设定的话题进行连接，四是根据需要试着发掘图卡的深层启示或与工作坊后续流程衔接。选择隐喻教练®图卡开场，节省了每场工作坊破冰开场方式的筛选与思考时间（只要考虑问句即可），而且隐喻教练®图卡加提问几乎可以用到任何主题场景的工作坊中。

6.3 连接资源

时间线是工作坊设计常用的流程。依据工作坊的基本原理，"直捣黄龙"是一种流程，"南辕北辙"迂回前进也是一种流程思路。当我们引导参与者转换不同的时间、空间和视角去思考分析问题的时候，我们不仅可以获取更多的解决问题的资源，还会增加解决问题的勇气和能量。我们可以运用隐喻探索过往，可以用隐喻呈现现状，也可以借助隐喻展望未来，这三种方式与技术不仅可以单独使用，也可以连在一起作为流程。

隐喻探索过往

运用隐喻探索过往，包含了三个视角。第一视角是参与者如何看待过往。过往是痛苦的记忆还是幸福的记忆，过往是值得反复回放的还是最好隐藏起来的呢？从工作坊设计的角度，参与者怀着积极的态度看待过往，不管过往的真实是如何的。第二个视角是参与者如何对待过往。当参与者抽离出来，怀着好奇的眼光、拿着探索灯去搜寻过往的时候，参与者会发现之前没有看到的宝贵财富。第三个视角是隐喻在探索过往中扮演的角色，参与者可以把隐喻当作历史回放的录影机，也可以把隐喻当作时间之龙的筋脉，还可以把隐喻当作过往精彩时刻的捕捉机器。

隐喻探索过往可以分成三个标准化流程操作，一是过往的回放，二是对回放的反应和发现，三是总结提炼过往。第一步过往的回放，可以按照时间线完整追溯，也可以选取某一条脉络或视角重点呈现，还可以直接运用概念隐喻或流程隐喻概括全流程。例如，公司的发展历程就是一次过山车的旅程。第二步对过往的反应和发现，旨在浮现人们对过往的记忆、感受和新的发现，可以借用概念隐喻的方式表达概念。例如，我发现公司的发展过程就是摸着石头过河的过程，而不是有了战略之后我们再去执行它。第三步是对过往的经验的提炼，可以用框架隐喻去整理经验。例如，用洋葱模型来呈现经验的三个层次、用大树模型呈现关键成功因素等。

隐喻呈现现状

呈现现状工作坊流程一开始的惯用模式，借助现状拼图共创，参与者可以看到完整的画面，从而避免盲人摸象。工作坊设计者呈现的现状内容可以分为三个类别。一是数据与信息，如公司上半年的业绩与目标完成情况；二是角色与关系，如公司在与上下游过程中扮演的角色或公司内部各部门工作配合状况；三是状态与表现，如基层主管当前的工作状态与情绪表现。隐喻在这三个类别中分别可以发挥作用，第一部分的内容可以使用框架隐喻，让数据与信息呈现得更加完整与生动；第二部分的角色与关系，可以使用概念隐喻中的角色隐喻和关系隐喻，让大家的感触更加直观，并引发大家不同的对比思考；第三部分的状态与表现，如果用纯理性的词汇与评语进行描述就会容易政治化或表述不当，而使用隐喻则可以让大家更能体会状态与表现的复杂性，并抓住关键。例如，我感觉我们的员工现在就跟一群火柴零散地凑在一起，每个人都在奋力寻找光，但就是不知道其实相互摩擦就可以生成光，或者我发现大家正处在黎明前黑暗阶段，很多人经历了漫长黑夜，但已经精疲力竭甚至打算放弃了，我们这个时候最需要的就是给大家一束光，哪怕只是一个火星也可以让大家重燃前进。

隐喻展望未来

积极心理学认为，当人们越能描述自己梦想的画面，人们实现梦想的可能性就越高。展望未来目标达成的画面是工作坊常用流程，不仅能带动大家的参与、提升现场的能量，还可以让大家从画面中找到很多隐藏的关键信息。展望未来时，我们多采用绘画、故事讲述、沙盘、群体雕塑、即兴唱作、即兴表演等艺术化的形式。相比较过往和现状，未来更有隐喻的表达空间。展望未来时，不仅可以选择不同的艺术形式，还可以预先安排设计一些元素在其中，甚至可以推动隐喻的呈现形式更加动态化和故事化。

在工作坊中，运用隐喻展望未来一般可以分为三个步骤。一是借助概念隐喻进行预热和刺激，让参与者能够开启想象的空间；二是呈现隐喻框架或者示例，让参与者以此为模板或参考进行未来畅想；三是从多个隐喻图像中抽取关键信息。除参与者进行内容发布或者演绎外，隐喻引导师还可以借助好隐喻的特征引导参与者进行第二次创作，如串联关系、重新组合或者将隐喻框架流程化或故事化。

连接资源的三个方式告诉我们，当我们发现参与者缺乏解决问题资源的时候，不管什么研讨主题，我们都可以设计好具体的议题，运用这三种技术引导参与者的注意力和关注方向。

6.4 重建关系

依据引导的第二条原理——角色与关系转换激发参与动力（《基于引导技术的工作坊设计》），有经验的引导师总是想法设法营造安全轻松的氛围，并让参与者抛开组织角色的限制及工作关系的担忧，这样做的目的不仅仅是换位思考，或者增强趣味性，更重要的目的在于激发参与者全身心地投入（新奇的同时也有压力，兼顾相似性与差异性），并让参与者的创意与灵感不因为固有角色与关系的干扰而被扼杀或埋没。隐喻引导师经常使用三种手法进行重建关系，分别是隐喻角色转化、隐喻关系重构和隐喻关系维持。

隐喻角色转化

角色扮演是常用的培训手法，其本质是让参与者进行隐喻角色的体验和转化。当现场资源固化时，引导师也可以使用这种方式，让参与者转换参与方式。隐喻角色转化即让参与者重新担当新的角色，常用的手法有四种。一是担当与现实不同工作内容的角色，如让销售经理担当生产经理；二是担当不同职位级别的角色，如让基层主官担当公司副总；三是担当外部的利益相关者角色，如让基层员工担当消费者或媒体记者；四是担当完全虚拟的角色，如让某个员工扮演超人，拥有特殊的资源和能力解决当前问题。

隐喻角色转化一般分为三个流程。一是代入角色，即让参与者了解和体会需要隐喻的角色，包括隐喻角色的外在姿态和内在信念观点等，确保有一定的相似性；二是带着隐喻角色进行观点表达，这个过程中参与者其实既会有隐喻角色出现也会有自身角色出现；三是复盘总结与分享，包括参与者自身的体会分享和参与者观察体验后的分享。

隐喻角色选择需要坚持隐喻的特征和标准，确保参与者能够成为"演员"。同时在转化过程中，现场涌现的资源，既包含了参与者自身的资源，也调动了隐喻角色的资源，不仅让大家看到不同于以往的观点和表现，也让大家更理解和体会到角色差异带来的认知差异与立场差异等。

隐喻关系重构

隐喻关系重构，即通过更换隐喻关系背景或模板的方式，让参与者对之前的隐喻关系进行调整，其底层的技术是框架隐喻。隐喻关系重构包括了三种手法。一是从无到有，调入新的隐喻关系模板，如将某小组隐喻为复仇者联盟；二是从有到优，升级新的隐喻关系模板，如将复仇者联盟1.0升级为复仇者联盟3.0；三是更换隐喻关系模板，如将之前的复仇者联盟小组（协同作战）更换为华山论剑小组（组内竞争）。

隐喻关系重构一般按照三个步骤来实施，一是描述当前状态，二是畅想理想状态，三是选择隐喻关系模板。引导师在让参与者自主进行隐喻关系重构前，需要讲清楚参与者关系重构的目的与价值意义，以让参与者更有意愿去做新的大胆的尝试。

隐喻关系维持

隐喻关系维持，即让参与者持续待在隐喻关系空间中。隐喻引导师常用三种手法以实现隐喻关系维持。一是隐喻角色标签显性化，也就是让参与者时刻佩戴某一个隐喻角色的标签或道具；二是让小组定期使用隐喻关系模板进行学习、解决问题或反思复盘，如葫芦娃模板中，水娃、火娃等角色会作为框架和标题；三是定期或不定期的团队展示，并明确团队展示或成果发布的要求，如最后时刻保持团队的隐喻造型等。

6.5 催化成果

工作坊相比较于传统的培训和会议，往往现场都有成果产出，即便没有文本成果，也会让参与者获得一定的技能成果或认知成果。在催化成果方面，传统引导师只有不停地让参与者研讨这一种手法，隐喻引导师则会以隐喻的价值和原理为核心升级传统培训方法或引导方法，让成果共创和呈现的形式更富有变化、参与性更强、体验更佳。运用隐喻技术催化成果，我们常用这四种隐喻手法，分别是沙盘共创®呈现成果、隐喻播报展现成果、隐喻剧场®验证成果和离场隐喻总结成果。

沙盘共创®呈现成果

【沙盘故事：墨子破云梯】

在战国初年的时候，楚国的国君楚惠王想重新恢复楚国的霸权。他扩大军队，要去攻打宋国。

楚惠王重用了一个当时最有本领的工匠。他是鲁国人，名叫公输般，也就是鲁班。公输般被楚惠王请了去，当了楚国的大夫。他替楚王设计了一种攻城的工具，比楼车还要高，看起来简直是高得可以碰到云端似的，所以叫作云梯。

楚惠王一面叫公输般赶紧制造云梯，一面准备向宋国进攻。楚国制造云梯的消息一传扬出去，列国诸侯都有点担心。特别是宋国，听到楚国要来进攻，更加觉得大祸临头。

楚国想进攻宋国的事，也引起了一些人的反对。反对得最厉害的是墨子。墨子，名翟（音dí），是墨家学派的创始人。墨子反对那种为了争城夺地而使百姓遭到灾难的混战。这回他听到楚国要利用云梯去侵略宋国，就急急忙忙地亲自跑到楚国去，跑得脚底起了泡，出了血，他就把自己的衣服撕下一块裹着脚走。

这样奔走了十天十夜，到了楚国的都城郢都。他先去见公输般，劝他不要帮助楚惠王攻打宋国。公输般说："不行呀，我已经答应楚王了。"

墨子就要求公输般带他去见楚惠王，公输般答应了。在楚惠王面前，墨子很诚恳地说："楚国土地很大，方圆五千里，地大物博；宋国土地不过五百里，土地并不好，物产也不丰富。大王为什么有了华贵的车马，还要去偷人家的破车呢？为什么要扔了自己绣花绸袍，去偷人家一件旧短褂子呢？"

楚惠王虽然觉得墨子说得有道理，但是不肯放弃攻宋国的打算。公输般也认为用云梯攻城很有把握。墨子直截了当地说："你能攻，我能守，你也占不了便宜。"

他解下了身上系着的皮带，在地下围着当作城墙，再拿几块小木板当作守城的工具，叫公输般来演习一下，比一比本领。公输般采用一种方法攻城，墨子就用一种方法守城。一个用云梯攻城，一个就用火箭烧云梯；一个用撞车撞城门，一个就用滚石檑木砸撞车；一个用地道，一个用烟熏。公输般用了九套攻法，把攻城的方法都使完了，可是墨子还有好些守城的高招没有使出来。

楚惠王亲自看到墨子守城的本领，知道要打胜宋国没有希望，只好说："先生的话说得对，我决定不进攻宋国了。"这样，一场战争就被墨子阻止了。

从教学活动的角度看这个故事，墨子与公输班演练攻城和守城的做法是经典的沙盘推演。沙盘，有助于我们预演将要发生的事情，在预演的过程中，对阵的各方需要施展真实的本领技能，对阵的结果也会作为决策的重要依据。沙盘课程既具有与现实战争的相似性，也具有显著的差异性。沙盘课程演绎实战在好玩的同时激发了现场参与者的积极性和群体智慧，还帮助企业节约了机会成本，由此在众多的培训课程里独树一帜。

沙盘共创®是传统沙盘的升级版本，是引导技术、隐喻、U型理论、设计思维整合的产物，沙盘共创®可以让我们现场共创成果产出。在工作坊中，现场的沙盘共创®与现实的工作之间存在很大的相似性，同时又有一定的差异性。相似性主要体现在沙盘共创®面临的课题就是我们要改进的课题，差异性主要体现在沙盘的形式让工作改进尝试变得可逆甚至可以反复调整。在沙盘不断的推演过程中，真实课题改造的方案会乍然出现。

沙盘共创®汲取了传统沙盘的经验教训，让沙盘变得更加开放，更适合共创，为此取消了固定的答案，取而代之的是共识的成果。沙盘共创®让沙盘从纯粹的体验和学习变成一场直面问题、群策群力和成果产出的过程，从而让培训变成了工作坊。沙盘共创®汲取了U型理论和设计思维的理念，鼓励深度研讨和动手尝试，让原型在对话和共创过程中实现现场迭代。沙盘共创®还保留了沙盘的隐喻空间本质，让人们摆脱现实的思维束缚，代之以想象力和大胆的创意，从而让最终的成果产出实现了超越和突破。

沙盘共创®的操作流程非常简单，包含了三步。第一步呈现现状，也就是把现状用视觉共创的方式呈现出来，让大家登上直升机看到更完整的画面；第二步分析对话，也就是研讨当前版本存在的问题及头脑风暴解决之道；第三步共创新版，也就是大家不只是停留在讨论层面，而是现场就把想法实践和落地，鼓励大家反复调整版本，直至大家对眼前的愿景画面达成了共识。

沙盘共创®的最佳适合场景有三个，一是成果产出可以表现为可视化的文本的时候，二是成果产出的样子需要大家一起把想法进行拼图共创，三是成果产出需要让大家创造性地思考，动脑和动手。

沙盘共创®将工作坊变成一次沙盘推演的过程，整个推演过程不仅是将集体头脑彩排的过程呈现出来，更为工作坊后真实的工作改进进行了预演和演练。沙盘共创®的四个引导注意事项。

一是在沙盘共创®之前记得热场，可以先做一些激发想象力和动手的活动。

二是沙盘带领者自己要先试着动手，呈现现状，看看难度到底多大，需要哪些物料。

三是要给予分析和对话环节足够的时间，必要的时候也可以安排案例和培训。

四是要极力鼓动大家动手操作起来，让大家不只是停留在描述想法阶段，而是现场创造起来，不管对错先把想法呈现出来，后面还有机会调整修改，以此鼓励大家动手尝试。

隐喻播报展现成果

在培训和引导的过程中和尾场结束之际，我们都需要做一些回顾总结和发布，旨在进一步确认收获和温故知新。学习过引导技术的人已经知道焦点讨论法是经常使用的结构（回顾内容和场景—回顾感受强烈的画面—总结启示发现和心得体会—最后决定开启行动的想法）。除此之外，我们还可以借助隐喻播报的方式进行。

隐喻播报就是用媒体播报的方式回顾和发布已经发生的事情，简单地说就是给过往的回顾和发布工作套设一个媒体播报的形式和外壳，而让真实的内容藏进播报中。媒体播报的形式，我们可以设置新闻播报、体育播报、娱乐播报、财经播报、天气播报和其他个性播报等可选择的播报方式，也可以选择语音电台、新闻报道、网络直播等更加灵活的形式，这就好比是设计者（隐喻引导师）来决定央视开设几个频道及每个频道的定位。每个频道，其背后都是选择看待已经发生的事情的视角，就像一场工作坊，你可以认为它就是一场知识盛宴，也可以是一次聚会派对，还可以认为是一次战前动员会。每个小组选择一个频道进行回顾，好处是回归的维度更加聚焦和细分，而各组的频道不同也会让大家有更多新鲜的视角。

各个小组拿到选题过后，大家会立马化身为该频道播报的内容编辑和主持人，这是一种激发全体成员参与的全新的挑战（年轻人希望的），这不仅要求大家回顾本次课程内容和引导的过程，还要回忆自己熟悉的类似电视和网络节目，然后综合两者进行隐喻化加工和处理。

内容编辑方面有两个提示和建议。一是关于播报内容的工作流程，播报本身要求各小组站在两个视角来回顾和总结。一是没有限定视角的现实中的事件参与者，二是有一定视角的比较客观的事件观察者。由此，建议各组的工作流程是先回顾真实发生的事情，然后再选择从其中抽丝剥茧出与媒体频道相关的事件和线索。二是关于播报内容的框架方面，依据现场参与者的年龄、水平等，引导师也可以给出各个媒体报道的框架格式，如新闻媒体报道常用的事件倒叙的方式，先给出部分故事细节引发兴趣，然后开始正式报道，最后点出新闻人的事件总结、启示和建议。总之，引导师只需要给出参考框架即可，不需要设限太多。

播报形式方面，也有两个提示和建议。一是选择用时间限定的方式进行约束，避免播报的形式过于拖沓冗长或过于粗犷缺乏细节；二是鼓励全体参与而非完全交由某一个人来搞定，如可以增加现场的记者，可以让成员伴奏伴舞，也可以让成员演绎事件的片段等。

一场播报就是一场精彩的故事会，就是一场即兴的演出，就是一场开脑洞的知识盛宴。当课程内容和工作坊过程被以轻松而亲切的形式再现的时候，大家的记忆也会被激活，曾经的知识点、有趣的过程也会被悄然地储存起来。如果引导师是隐喻的高手，则在大家隐喻播报过后，还可以像导演一样点评编剧、演员的工作。隐喻播报的背后是流程隐喻和即兴戏剧的联合，对于学员和参与者来说，不仅仅是完成一次隐喻的设计，还是在隐喻的工作坊现场增加一个新层次的隐喻空间。

试想一下，你用隐喻播报的方式去做项目复盘，现场会有什么惊喜和挑战？引导师如何设计会让期待的画面出现呢？

隐喻剧场®验证成果

在继续学习隐喻剧场®之前，先简单小结下。无论是场地布局重构、运用隐喻教练®图卡开场、运用隐喻故事、运用沙盘共创®还是运用隐喻播报，都是在工作坊现场上空有意图地创建一个隐喻空间，并确保这个空间长久留在现场。在西游记中，唐僧师徒在西天取经路上，每每遇到困难和挑战，都会上天去寻求支持；同时，这些隐喻延展技术都是在传统教学活动基础上进行的升级和再造，看似只是一小步，其实是一大步，因为这背后需要引导师具备情景创设、隐喻植入和引导共创等多项综合技能。

相比较而言，从现场互动要求方面，隐喻故事如果更多地是引导师讲述故事并提出问题，那么沙盘共创®则要求现场参与者更多地动手参与进来，隐喻播报则要求大家有一定的角色扮演的功力，到了隐喻剧场®，这个互动层次趋势会继续下去。

隐喻剧场®，也叫情景剧场，是隐喻故事的现场演绎版本，是比隐喻故事、沙盘共创®的参与层次更高的隐喻工具，也是传统情景模拟的升级版本。情景模拟我们常用在以下场景和教学活动中，如开场用于激发兴趣和激活旧知，过程中及尾场用于检验所学和应用所学。

然而，这并不等同于每次情景模拟都能发挥出这四个功能，有些时候情景模拟的效果也会大打折扣，如现场压力过大导致学员发挥失常，现场就会很尴尬；多个小组轮番上演解决同一个场景问题往往大同小异、让人兴致索然；有些时候参与者要么表演功力不够，要么故意弱化矛盾冲突，让剧情变得平淡；还有些时候学员解决问题的策略过于个性化，与老师所教授的内容关联不大，这虽然也能活跃课堂氛围，但无形中也削弱了教学目标。怎么办呢？情景模拟的效果如何才能更加稳定，并且如何才能对带领者的现场挑战要求更小一些呢？我们就需要升级情景模拟。我们需要提前设计半开放的情景剧本，让参与者进入特定的隐喻空间，也需要发挥即兴戏剧的智慧，让参与者拥有更多自由发挥的空间。

隐喻剧场®的核心步骤有四个，前期一般会做一些预热准备，如借助一些即兴游戏活动，让参与者打开身体、声音、想象力，为上场演绎做铺垫预热。

接下来，第一步，带领者会阅读已经设计好的剧本，让参与者快速理解任务。一般情况下每个小组一个任务，但并不会提前分配，等待所有人听完剧本过后再做临时分配，这样给大家的刺激和挑战更大，也更容易控场。

第二步，各小组拿到剧本后，要在很短时间内共同商量解决的方案，并准备角色扮演的道具。这个过程一般给10~15分钟。如果大家提前预演了一遍则即兴的效果就打了折扣。

第三步，剧场大幕开启。各组轮番即兴演绎矛盾冲突过程和矛盾冲突解决的过程。这个部分挑战的就是带领者前期的剧本设计，剧本冲突及解决所需要的技能一定要跟主题和目标相关。

第四步，等每个小组演绎完毕，带领者可以给予反馈点评。等所有小组都完成再做一次总结分享，至此隐喻剧场®才算落幕。

隐喻剧场®整体上设计的时候需要注意四个要点。

一是要明确隐喻剧场®的定位和目标，这要看隐喻剧场®在整个教学环节或工作坊流程中的阶段。

二是要明确关键矛盾冲突的场景，其中的矛盾冲突尽量要聚焦，矛盾点不宜超过三个，不然参与者容易跑偏。

三是要准备足够且合适的剧场程式，也就是隐喻故事的剧本，要与现场的小组数量相匹配，一般意义上隐喻剧场®设四组或六组效果比较好。

四是要适当准备角色必备的道具物料，实在没有办法准备的时候可以放置之前的场景图片供大家参考，也可以鼓励和要求大家即兴发挥创造力，利用最普通的道具来进行创意改造。

隐喻剧场®的引导师最好体验过即兴戏剧的活动，了解即兴剧场的设计与带领工作注意事项。当然更需要引导师能够提前设计剧本框架，确保其与参与者背景类似，并确保工作坊主题内容或成果产出在剧场中得到应用或验证。

离场隐喻总结成果

先给大家呈现三个以隐喻的方式进行收尾的示例，再总结隐喻尾场的注意事项与技巧。

在"工作坊设计©"两天课程结束之际，我一般会使用三个隐喻问句进行离场调查，分别是"整体上，你感觉这两天似乎经历了一场什么样的旅程……""在这个旅程中你看到了哪些风景，有哪些收获……"和"如果要给这个旅行起一个名字，那会是……"

除了运用隐喻教练®的常用问句收尾，我们还可以使用隐喻的四个基层技术来完成收尾工作，以让最后的产出变得更加美好。

一是概念隐喻式收尾。概念隐喻式收尾有三种典型方法，一是运用隐喻概念对课程内容进行概括提炼或命名，如前面提及的某某旅程；二是运用隐喻图像描述当前的情绪、感受或状态，如用沙漏暗示自己的消化转化状态；三是运用一个隐喻概念来形容课程内容对自己的影响和价值，如运用飞翼来表达课程对自己的价值。

二是框架隐喻式收尾。框架隐喻式收尾有三种典型方法，一是由引导师给出一个新的隐喻框架，让参与者进行联系、填充和丰富，如引导师给出洋葱图形让参与者呈现课堂所学；二是让参与者在小组内自创一个隐喻框架进行内容呈现，由此各组之间的呈现形式会更加多彩、呈现内容会更加立体；三是引导师将课程的核心模型挑出来，而把已有的内容去掉（或者保留一部分内容），让参与者进行更加开放的填充，由此可以进行老师和学员、学员之间的对比。

三是流程隐喻式收尾。与框架隐喻式收尾类似，流程隐喻式收尾也有三种典型方式，一是由引导师给出一个隐喻流程，留出起点、终点，设置关键的3~4个景点，让各组分别进行填充；二是由参与者自己选择隐喻流程模板，进行全新的创造，形成五彩纷呈的隐喻流程；三是引导师设置一个更大的隐喻流程模板，标注时间节点、宝藏收获点、疑惑静思点、障碍挑战点等，让全体参与者按照隐喻流程及流程节点进行视觉共创。

四是故事隐喻式收尾。故事隐喻式收尾有三种典型方式，一是由引导师结合课程主题内容或工作坊流程讲授一个隐喻故事（以我的视角讲述自己所经历的成长故事），以让大家隐喻这几天工作坊的真实发生的场景和画面；二是由引导师结合工作坊后续参与者的认知转变和行动计划讲授一个隐喻故事，以鼓励大家怀着美好的愿望与干劲展开行动；三是转换场景，由参与者小组创造一个隐喻故事，试着将工作坊的内容及经历编织，借助某一个载体向自己的朋友、同事或者家人进行传递。

第 **7** 章

隐喻技术助力
工作坊引导

　　隐喻技术的灵魂在实践中绽放，唯有亲自使用和体验才能真正体会到隐喻的丰富多彩与无限魅力。本章以一个两天的工作坊为例，按照工作坊开场、工作坊前场、工作坊中场、工作坊后场和工作坊尾场五个片段，场景化地看看隐喻技术可以如何使用，希望能启发大家更快地开启隐喻设计实践。

7.1 工作坊开场

　　在工作坊开场时，引导师有三项工作，告知参与者自己的职业角色、介绍工作坊的流程并阐述期望与大家所形成互动工作关系。

　　首先，在阐述自己的角色时，引导师面临的一个挑战就是，参与者对引导师的职业角色感知差异，而差异过大很可能会影响参与者接下来的投入度。由此，清晰而快速地传递引导师的角色，让大家清楚本场活动真正的主角是大家而不是正手持话筒的那个人至关重要。我会用导游这个通俗易懂的角色来隐喻引导师的工作，带领大家爬到山顶才算成功，而不是自己一个人爬到山顶或爬到山腰，大家全都打道回府，让发起人孤独寂寞地待在山顶。同时，在阐述自己角色时，应避免使用一些近期有负面报道或容易勾起大家负面回忆的一些隐喻概念。

　　其次，在解释工作坊流程和计划时，引导师面临的挑战就是用大家能够听得懂的话，而不是彰显专业的术语。如果能够提前制作一个隐喻海报，在介绍流程时会让大家脑海中的图像感更强。在给泸州老窖商学院做引导技术内训工作坊时，我选择用登山的流程来隐喻三天的学习旅程，让大家清楚第一天、第二天和第三天我们大概的规划，以及三天之间的逻辑关联，以让大家能够放下担心、愿意相信引导师并试着跟随学习进度和计划。同时，每天开场我会带领大家继续回顾登山学习的旅程，让大家觉察自己所处的位置、阐述继续攀登所需要的支持，如此既可以让大家继续待在隐喻空间里，同时又可以进行入场调查。

最后，在讲解参与互动关系时，引导师的挑战之一避免让大家觉得参与规则纯粹是约束和管理大家的，或者避免让大家觉得工作坊的规则、流程等构建旨在维护引导师的权威。引导师在阐述参与规则时，可以使用激活旧知的方式，提及过往研讨对话的问题，以说明规则的目的是提高效率，这样做也可以，只是有些时候会给年轻的参与者一种说教的感觉。同时，也可以使用隐喻的方式，阐述这些参与互动规则就是提醒大家在登山过程中要注意相互帮助、相互提醒、相互鼓劲用的，就是工作坊的战鼓，是一种大家需要的时候会鼓舞士气、大家不需要的时候会安静的存在。另外，如果需要特别强调希望参与者能够积极主动，也可以幽默地告诉大家，你希望引导师不是那个拿着喇叭喊破嗓子的人，而想与大家有小旗子一挥大家直接蜂拥而上的默契。

7.2 工作坊前场

对于一个两天的工作坊，开场过后的前半程，我们往往需要做一些铺垫工作、预热工作和开启工作，如回顾背景信息、总结过往经验和澄清问题方向等。

回顾背景信息

回顾背景信息的过程，如同回看我们拍过照片的过程一样，往事历历在目；又如同播放纪录片的过程，回放的内容与片段，是由导演和制片联合确定的。由此，引导师在运用隐喻技术时，可以让大家选取印象深刻的片段画面，就如同把脑海中的照片晒出来一样；也可以选择隐喻播报的方式，让大家看到不同的背景信息；可以选择隐喻流程，进行填充；可以使用拼图共创或沙盘共创的形式进行立体化呈现。

总结过往经验

过往的经历见证了成长、埋藏着通往未来的财富。在借助隐喻技术总结过往经验时，我们会先让大家把各自的感受与想法呈现出来，然后围绕主题借助隐喻框架对它们进行整理。隐喻框架自带的封闭与开放，对经验会进行第二次发掘和加工；隐喻框架，还会帮助我们进一步收敛和聚焦想法，让我们关注处于不同部位的想法，如在经验大树的结构中，我们总会习惯性地先关注滋养生命的树根部分，同时也会关注到既是成果呈现又是汲取阳光的树冠部分；在这个过程中，更有价值和意义的是，隐喻提供了我们一个抽离和系统的视角，或许很多人是第一次像看待一个鲜活的生命一样看待我们自己。优秀的隐喻引导师不仅会让大家与隐喻框架承载的想法相连接，从中汲取能量，并让人产生一种呵护珍惜它的冲动。

澄清问题方向

在澄清核心问题以明确研讨方向时，引导师常借助反复解读和提问的方式进行，不仅过程枯燥也很低效；隐喻引导师会让发起人将问题抽丝剥茧、大卸八块，让核心问题显露出来；也会借助冰山模型，让大家看到问题背后隐藏的问题；也会借助箭靶模型，让大家分布现在的问题或者找到能够穿透箭靶的问题之箭；也会使用流程隐喻，让主题的前因后果呈现得更加全面；或者采用填充旅程的方式，让大家来共识达成目标核心的路径（议题）或必须跨越的障碍（议题）。

7.3 工作坊中场

在工作坊中间过程中，引导师重要的工作包括三项。一是综合焦点目标、体验目标及群体能量管理流程节奏；二是借助更深层次的议题、反馈、反思等，确保对话持续地深入和有质量；三是运用引导精神管理现场出现的矛盾冲突，让对话更可持续，也让真实的想法浮现出来。

管理流程节奏

工作坊可以隐喻为一场交响乐演出或即兴的爵士乐演出，引导师是指挥、群体参与者是乐手，现场奏出的音乐呈现出跌宕起伏的变化。由此，我们可以提前设计一个韵律节奏表，1~10分代表能量的高低，每过一个片段大家进行标注，这不仅让大家看到节奏，还可以让引导师提前征询大家的想法（想平稳还是像坐过山车一样），让大家自觉调整节奏与能量高低。

引导对话深入

工作坊是一场不断摸索和寻找到核心议题的过程。挖井人的故事告诉我们一个道理，围绕某个核心议题深入持续地挖掘，比四处挖两下浅尝辄止，更容易触碰到核心。由此，我们在工作坊现场设计一个议题靶子，并用标尺标注我们研讨的进度，一方面让大家看到整体的进度，另一方面又可以引导大家为在靶心的真正需要研讨的议题做贡献。

管理矛盾冲突

工作坊是观看一场《少年派的奇幻漂流记》（根据扬·马特尔于2001年发表的同名小说而改编的一部电影，由李安执导），我们看到的是主人公派的奇幻漂流，看不见的是每位观众在观看过程中跌宕起伏的心路旅程。如果我们将工作坊隐喻为一场奇幻漂流记，那么船儿承载的是参与者，流经的是各路的景点或障碍（都是议题），船儿周围是风和日丽或阴云密布（群体情绪与动力），水面之下还有各种暗礁和风险。我们把这个画面呈现出来后，参与者可以从一个电影的观众变身为主演和导演，一方面浮现引导师所看不到的矛盾冲突，另一方面让大家去浮现和思考这些矛盾冲突所代表的价值和意义。冲突，从阴影中走出来，从一个代表破坏的小丑变成了积极的融入者和建设者。

7.4 工作坊后场

工作坊后场，引导师通常有三项工作。一是提高成果产出质量；二是确认参与者对成果的共识；三是重新评估工作坊成果。

提高成果产出质量

工作坊就是一个豆腐坊，大豆历经七个流程终于变成了豆腐，接下来进入质量评估和评级的环节，色泽、水分、结实度、口味等都是评价的指标。工作坊的成果产出，每次都可以隐喻为某一类成果（如豆腐、苹果、大菜），也可以有相对的评价标准，如参与度、创意度、共识度或领先性、系统性、落地性、可操作性等，这些指标既可以分配给某一个小组，也可以统一由大家来进行打分。呈现成果后，大家再来考虑如何进一步提高成果质量，或者如果无法再提高其质量了，我们商定可以发挥其凸出价值的最佳场景。

确认参与者对成果的共识

共识是悬挂在工作坊引导师头上的达摩克利斯之剑，时刻提醒着引导师不要片面追求多数人的意见和众人表面的参与。隐喻引导师会共识度当作一个风向罗盘，探询或检查成果共创的方向和改进的方向；也会把共识度当作一个温度计，定期进行温度测量和标记，以看到热闹与喧嚣之下冷静的观点和所有人的真实态度。

重新评估工作坊成果

有经验的工作坊引导师会在工作坊尾场设置一个胡思乱想的缓冲期，这好比是两个人结婚前要分开几天的冷静期，只有两个人真正想清楚了才可以进入婚姻的殿堂。这个环节又好像是打工人的"放风期"，大家可以离开自己的工位、放开囚禁的思维，自由灵活地组合八卦一下公司的政令，而有经验的管理者正是利用这个窗口期去了解大家真实的想法。工作坊尾场，让大家更换一个场域、视角、角色，重新审视和评估工作坊的议题和成果，有助于成果后续的落地。

7.5 工作坊尾场

工作坊尾场，通常引导师至少有三项工作。一是确定需要落地的关键工作；二是考虑工作落地的资源支持；三是确保第一步行动能够启动。

确定需要落地的关键工作

工作坊现场的想法千千万万，但真正能够落地的为数不多。求多嚼不烂，有经验的隐喻引导师会在工作坊现场或脑海中设置一个想法漏斗神器，让大家看到最后的想法需要先经发散再震荡、层层过滤和沉淀；让大家知道唯有残忍地进行压榨和破坏，方可生成真正的精华；让大家看到唯有珍惜和推动众人合力萃取的成果，方可不辜负我们的辛勤努力。同时，确认的关键工作，是号角、令旗和徽章，唯有有勇气和担当的人，方可承担；唯唯诺诺者和推诿扯皮者，没有资格和机会浪费众人的时间和生命。

考虑工作落地的资源支持

冲锋陷阵的人，需要我们去掩护和做好后勤保障。大多数人要做的不仅是摇旗呐喊，还需要踏踏实实地为英雄们做好防护和资源支持，不让英雄们没有子弹地独自一人去上战场，也不让英雄们在疲惫受伤过后得不到必要的安慰和救助，更不应该让英雄们胜利后得不到应有的鲜花、掌声和表彰。隐喻引导师，此时像一位"居委会大妈"，家长里短地了解大家的物质和精神所需，并协调发起人和大家一起想办法，整合资源、获取支持、自力更生，总之都是为了让英雄们能够踌躇满志、精力充沛、信心百倍地出征。

确保第一步行动能够启动

两军对垒，第一仗事关士气，有经验的将帅不会自挫锐气，而是全力做好规划，确保首战必胜。工作坊的成果要落地，需要人们付出更多的努力。隐喻引导师愿意与发起人和"敢死队"成员一起商议更多的操作细节。

后记：感恩

感恩引导规律研究院的400位伙伴们，是你们为引导的规律®四模块（隐喻引导术©课程是第四模块）的研发贡献了基地和力量，也是你们使我对引导技术的探索、研究和创新得以继续下去，未来希望我能够为你们继续提供支持和服务，也希望我们能够携手为中国优秀的企业与组织创造更多可见的价值。

感恩我的客户和合作机构，你们不仅贡献了实践场，也为我的工作坊设计课程贡献了源头活水，更激励着我继续成长强大。

感谢引导同行们，自从成为国际引导师协会的认证引导师，身边就有了一些志同道合推广引导技术的实践者们。泰山不让土壤，故能成其大，河海不择细流，故能就其深，以"让你我更美好"为使命的"诸子+"联盟成立后，我有了归属不再孤单。

感恩家人的默默支持，尤其是在新冠肺炎疫情期间，家人的爱缓解了我对未来的焦虑，并为我的写作输入了无穷的动力。

最后，感谢电子工业出版社的编辑为本书所做的工作。

参考文献

[1] 乔治·莱考夫，马克·约翰逊.我们赖以生存的隐喻[M]. 何文忠，译. 杭州：浙江大学出版社，2015.

[2] 束定芳.隐喻学研究[M].上海：上海外语教育出版社，2000.

[3] 束定芳.隐喻与转喻研究[M].上海：上海外语教育出版社，2011.

[4] 何灿群，郑明霞.不言而喻：隐喻的设计方法研究[M].长沙：湖南大学出版社，2018.

[5] 刘宇红.隐喻的多视角研究[M].广州：世界图书出版公司，2011.

[6] 张沛.隐喻的生命[M].北京：北京大学出版社，2004.

[7] 郭振伟.钱钟书隐喻理论研究[M].北京：中国社会科学出版社，2014.

[8] 乔治·彭斯.用故事打开心扉：隐喻治疗案例示范[M].刘新民，何洋，译.北京：人民卫生出版社，2011.

[9] 玛丽莲·阿特金森.高级隐喻：故事转化生命[M].吴佳，王利娟，杨兰，译.北京：华夏出版社，2018.

[10] 杰拉尔德·萨尔特曼，林赛·萨尔特曼.隐喻营销：洞察消费者真正需求的7大关键[M].杭州：浙江人民出版社，2014.

[11] 马丁·J.埃普乐，罗兰德·A.菲斯特.思维可视化图示设计指南[M].第2版.陈燕，译.福建教育出版社，2019.

［12］Patricia Ryan Madson. 即兴的智慧[M]. 七印部落，译. 武汉：华中科技大学出版社，2014.

［13］琼·穆特. 石头汤[M]. 阿甲，译. 海口：南海出版公司，2013.

［14］爱娃·海勒. 颜色的战争[M]. 郭嘉惠，译. 北京：北京科学技术出版社，2021.

［15］奥特马尔·格瑞斯曼. 小水滴的旅行[M]. 卢润，译. 北京：北京联合出版公司，2012.

［16］奥托·夏莫. U型理论：感知正在生成的未来（全新升级版）[M]. 邱昭良，译. 北京：中国人民大学出版，2013.

［17］林士然. 基于引导技术的工作坊设计[M]. 北京：电子工业出版社，2017.

［18］林士然. 引导改变培训——从课程设计到工作坊设计[M]. 北京：电子工业出版社. 2020.

［19］相伟. 成为教练型培训师：企业培训师的升级成长之路[M]. 北京：电子工业出版社. 2019.